BOLOGNE
GUIDE DE VOYAGE
2024

Votre compagnon mis à jour et essentiel pour explorer tous les coins de la ville

Ashley W. Hooper

Copyright © par Ashley W. Hooper 2024. Tous droits réservés.

Merci d'avoir accepté les règles d'innovation protégées en téléchargeant ce livre par des méthodes authentiques et en ne reproduisant, vérifiant ou diffusant aucune partie de ce livre.

À PROPOS DE CE GUIDE

Bienvenue dans le guide de voyage de Bologne : votre compagnon mis à jour et essentiel pour explorer tous les recoins de la ville !

Ce guide est conçu pour améliorer votre expérience de Bologne en vous fournissant des informations complètes, des astuces et des conseils pratiques. Voici comment en tirer le meilleur parti :

1. Commencez par la planification : commencez par vous familiariser avec les chapitres d'introduction pour en savoir plus sur l'histoire, la culture et les meilleurs moments pour visiter la ville. Utilisez la section de planification pour organiser votre voyage, y compris les préparatifs de voyage, la budgétisation et les options de transport.

2. Naviguez dans la ville : plongez dans les chapitres sur les déplacements à Bologne et l'exploration de ses divers quartiers. Découvrez les différents modes de transport disponibles, du transport en commun aux visites à pied, et découvrez les caractéristiques uniques de chaque quartier.

3. Explorez les principales attractions : découvrez les sites et attractions incontournables que Bologne a à offrir. Des places emblématiques et sites historiques aux expériences culturelles et trésors cachés, ce guide vous aidera à découvrir la riche tapisserie visuelle et sonore de la ville.

4. Offrez-vous la culture locale : Plongez dans la scène culturelle dynamique de Bologne en explorant ses musées, ses galeries d'art, ses théâtres et ses délices culinaires. Découvrez la cuisine bolognaise traditionnelle, assistez à des spectacles et participez à des cours de cuisine pour véritablement découvrir l'essence de la ville.

5. Planifiez des excursions d'une journée : profitez des recommandations du guide pour des excursions d'une journée et des excursions vers des destinations à proximité. Que vous souhaitiez explorer la campagne environnante, visiter les villes voisines comme Modène et Parme ou participer à des dégustations de vins, il y en a pour tous les goûts.

6. Restez informé : reportez-vous à la section Conseils pratiques et ressources pour obtenir des informations

essentielles sur la langue, la sécurité et les applications de voyage recommandées. Utilisez les annexes pour une référence rapide, notamment des glossaires, des cartes et un index.

En utilisant ce guide comme compagnon, vous disposerez de toutes les connaissances et informations nécessaires pour naviguer à Bologne en toute confiance et créer des souvenirs inoubliables en cours de route. Bon voyage!"

BIENVENUE à BOLOGNE

Bienvenue dans la ville animée de Bologne, où l'histoire murmure à travers les rues pavées et où chaque coin de rue recèle une histoire qui attend d'être découverte. En tant que voyageur passionné et auteur, je me suis retrouvé captivé par la riche tapisserie du passé et du présent de Bologne, me poussant à partager ses merveilles avec d'autres aventuriers comme vous.

Bologne, souvent surnommée la « Ville rouge » en raison de la teinte distincte de ses bâtiments médiévaux, possède un passé riche qui remonte à plusieurs siècles. Ses origines remontent aux Étrusques, qui se sont installés dans la région au 6ème siècle avant notre ère. Au fil des années, Bologne s'est développée en tant que plaque tournante clé le long de la Via Emilia, une voie romaine vitale reliant le nord de l'Italie à la mer Adriatique.

Le nom « Bologne » lui-même a une signification, dérivé du mot latin « Bononia », qui proviendrait du terme celtique signifiant « établissement ». Cette étymologie ancienne reflète le rôle de la ville en tant que creuset de cultures et d'influences tout au long de son histoire.

On ne peut pas se plonger dans le passé de Bologne sans rencontrer son illustre université, l'Université de Bologne, fondée en 1088. En tant que plus ancienne université du monde occidental, elle est un phare de connaissance et d'innovation depuis plus de neuf siècles, attirant des universitaires du monde entier. .

Mon voyage à Bologne a été marqué par un sentiment de crainte et d'émerveillement alors que je parcourais ses rues sinueuses et m'émerveillais devant ses merveilles architecturales. Des imposantes Deux Tours, symboles de la puissance et du prestige médiéval de la ville, à la majestueuse Basilique de San Petronio, chaque monument raconte l'histoire du riche patrimoine de Bologne.

Mais au-delà de ses monuments historiques, Bologne est une ville qui ravit les sens et enflamme l'âme. En vous promenant dans ses marchés animés et ses cafés pittoresques, vous découvrirez une scène culinaire pas comme les autres. Réputée pour sa cuisine délicieuse, Bologne abrite certains des meilleurs restaurants d'Italie, où des plats traditionnels comme les tagliatelles au ragù et les tortellini en brodo sont préparés et savourés avec amour.

En plus de ses délices gastronomiques, Bologne possède une scène artistique et culturelle dynamique, avec des musées, des galeries et des théâtres de classe mondiale qui attendent d'être explorés. Des chefs-d'œuvre de la Galerie nationale de Bologne aux spectacles d'avant-garde du Teatro Comunale, les expériences culturelles ne manquent pas dans lesquelles s'immerger.

Alors que vous embarquez pour votre voyage à travers Bologne, mon guide de voyage complet vous servira de compagnon de confiance, vous fournissant des conseils d'initiés, des itinéraires détaillés et des conseils pratiques pour vous garantir une expérience fluide et inoubliable. Que vous soyez un visiteur novice ou un voyageur chevronné, mon objectif est de vous fournir toutes les informations dont vous avez besoin pour profiter au maximum de votre séjour dans cette ville enchanteresse.

Dans les pages de ce livre, vous trouverez tout, des aperçus historiques aux recommandations sur les meilleurs restaurants et attractions de la ville. J'ai soigneusement organisé un itinéraire de 4 à 5 jours qui met en valeur le meilleur de Bologne, vous permettant de découvrir son essence dans toute sa splendeur.

Alors, cher lecteur, rejoignez-moi pour un voyage au cœur de Bologne, où chaque rue recèle un secret et chaque repas est une célébration de la vie. Laissez mon livre vous guider pendant que vous explorez les merveilles de cette ville intemporelle et créez des souvenirs qui dureront toute une vie. Bologne vous attend – êtes-vous prêt à vous lancer dans l'aventure de votre vie ?

Aperçu de la ville

Nichée au cœur de la région italienne d'Émilie-Romagne, Bologne est une ville ancrée dans la tradition et pleine de vie. Ses origines remontent à l'Antiquité, avec des traces d'établissement humain remontant à l'âge du bronze. Au fil des siècles, Bologne s'est développée en tant que plaque tournante vitale le long de l'ancienne voie romaine connue sous le nom de Via Emilia, reliant les villes de Rimini et de Plaisance. Cet emplacement stratégique a conféré à Bologne une prospérité économique et une importance culturelle, jetant les bases de son riche passé.

L'une des caractéristiques déterminantes de Bologne est son architecture remarquable, caractérisée par des bâtiments aux couleurs de terre cuite, des portiques élégants et d'imposantes structures médiévales. Le centre historique de la ville est inscrit au patrimoine mondial de l'UNESCO et regorge de trésors architecturaux qui couvrent des siècles d'évolution artistique et culturelle. Des emblématiques Deux Tours, symboles de la puissance et du prestige médiéval de Bologne, à la majestueuse Basilique de San Petronio, avec sa façade impressionnante et son intérieur complexe, chaque recoin de la ville raconte l'histoire de son illustre passé.

Le patrimoine culturel de Bologne est tout aussi impressionnant, avec sa célèbre université de Bologne, la plus ancienne université du monde occidental. Fondée en 1088, l'université a joué un rôle central dans l'élaboration du paysage intellectuel de l'Europe, attirant des universitaires, des étudiants et des sommités du monde entier. Aujourd'hui, l'université continue d'être un phare d'apprentissage et d'innovation, favorisant l'excellence académique et les échanges culturels au cœur de la ville.

Au-delà de son importance historique et culturelle, Bologne est une ville qui vibre de vie et d'énergie. Ses rues animées sont animées par l'agitation de la vie quotidienne, alors que les habitants et les visiteurs se rassemblent sur ses places animées, ses marchés animés et ses cafés pittoresques. Les divers quartiers de la ville offrent un aperçu de son caractère éclectique, du charme médiéval du quartier de Santo Stefano à l'atmosphère bohème du Quadrilatero.

L'un des points forts de toute visite à Bologne est sa célèbre scène culinaire, qui lui a valu le titre de « La Grassa » ou « La Grosse ». Réputée pour ses riches traditions gastronomiques et sa cuisine délicieuse, Bologne est un paradis pour les gourmands, offrant une gamme alléchante de plats mettant en valeur les meilleurs ingrédients et techniques culinaires de la région. Des emblématiques tagliatelles al ragù à la mortadelle savoureuse et à la glace crémeuse, chaque bouchée à Bologne est une célébration de la saveur et de la tradition.

En explorant les rues de Bologne, vous découvrirez une ville qui embrasse à la fois le passé et le présent, où les monuments anciens côtoient les équipements modernes et où les traditions séculaires coexistent avec les innovations contemporaines. Que vous admiriez les chefs-d'œuvre de l'art de la Renaissance, savouriez les saveurs de la cuisine traditionnelle bolognaise ou que vous vous imprégniez simplement de l'atmosphère vibrante de ses rues animées, Bologne promet une expérience inoubliable qui laissera une impression durable dans votre cœur et votre âme.

Dans mon guide de voyage, je vous invite à approfondir les merveilles de Bologne, en vous proposant des conseils d'initiés, des itinéraires détaillés et des conseils pratiques pour vous aider à tirer le meilleur parti de votre visite. Que vous soyez un nouveau visiteur ou un voyageur chevronné, mon objectif est de vous fournir toutes les informations dont vous avez besoin pour explorer cette ville enchanteresse avec confiance et curiosité. Alors venez me rejoindre dans un voyage dans les rues de Bologne, où chaque coin révèle une nouvelle aventure et chaque instant est rempli de découvertes. Bienvenue à Bologne – une ville pas comme les autres, qui attend d'être explorée et vécue.

Bref historique et importance culturelle

L'histoire de Bologne est une tapisserie tissée de fils de civilisations anciennes, de luttes de pouvoir médiévales et d'éclat de la Renaissance. Les origines de la ville remontent aux Étrusques, qui se sont installés dans la région dès le 6ème siècle avant notre ère. Au fil du temps, Bologne est devenue une colonie romaine florissante connue sous le nom de Bononia, stratégiquement située le long de la Via Aemilia, une route importante reliant le nord de l'Italie à la mer Adriatique.

Au Moyen Âge, Bologne est devenue un centre important du commerce et du savoir en Europe. C'est au cours de cette période que la ville fonda sa célèbre université, l'Université de Bologne, en 1088. En tant que plus ancienne université du monde occidental, l'Université de Bologne a joué un rôle central dans l'élaboration du paysage intellectuel et culturel de l'Europe, attirant des universitaires. , étudiants et penseurs de tout le continent.

L'emplacement stratégique et la prospérité économique de Bologne en ont fait un prix convoité par les cités-États rivales et les familles nobles rivalisant pour le pouvoir et l'influence. La ville est devenue un champ de bataille pour des factions concurrentes lors des conflits Guelfes-Gibelins du Moyen Âge, les familles dirigeantes de Bologne s'alignant souvent sur l'une ou l'autre faction dans le but de maintenir le contrôle.

Malgré les troubles politiques du Moyen Âge, Bologne a prospéré en tant que centre d'art, d'architecture et de culture pendant la Renaissance. Les architectes, artistes et érudits renommés de la ville ont contribué à sa splendeur architecturale, laissant derrière eux un héritage de chefs-d'œuvre qui ornent encore aujourd'hui ses rues et ses places.

L'un des symboles les plus emblématiques de Bologne est son réseau de portiques, qui s'étend sur plus de 40 kilomètres à travers la ville. Ces élégantes passerelles couvertes, datant du Moyen Âge, offrent un abri contre le soleil et la pluie et ajoutent au charme et au caractère uniques de la ville.

L'importance culturelle de Bologne s'étend au-delà de ses merveilles architecturales jusqu'à son riche patrimoine culinaire. En tant que capitale de la région italienne d'Émilie-Romagne, Bologne est réputée pour ses délices gastronomiques, notamment la célèbre sauce bolognaise, les tagliatelles au ragù et la mortadelle. Les trattorias et osterias traditionnelles de la ville servent avec fierté ces plats classiques, invitant les visiteurs à savourer les saveurs de la cuisine italienne authentique.

Aujourd'hui, Bologne continue d'être une ville vivante et dynamique, où le passé se confond harmonieusement avec le présent. Son centre historique, avec ses tours médiévales, ses palais Renaissance et ses rues sinueuses, témoigne de son héritage durable en tant que l'une des villes les plus importantes culturellement d'Italie.

En explorant les rues de Bologne, vous rencontrerez une ville qui célèbre son patrimoine tout en embrassant la modernité, où les traditions anciennes prospèrent aux côtés des innovations contemporaines. Que vous admiriez les chefs-d'œuvre de l'art de la Renaissance, que vous goûtiez aux saveurs de la cuisine bolognaise traditionnelle ou que vous vous imprégniez simplement de l'atmosphère vibrante de ses rues animées, Bologne promet une expérience inoubliable qui laissera une impression durable dans votre cœur et votre âme.

TABLE DES MATIÈRES

À PROPOS DE CE GUIDE
BIENVENUE À BOLOGNE
Aperçu de la ville
Bref historique et importance culturelle
CHAPITRE 1
PLANIFIER VOTRE VOYAGE
Meilleur moment pour visiter Bologne
Préparatifs de voyage et options de transport
Budgétisation et change
CHAPITRE 2
SE DÉPLACER À BOLOGNE
Guide des transports en commun
Visites et itinéraires à pied
Services de location de vélos
CHAPITRE 3
EXPLORER LES QUARTIERS DE BOLOGNE
Centre historique
Quartier universitaire
Portiques de Bologne
Quartier de Santo Stefano
CHAPITRE 4
PRINCIPALES ATTRACTIONS ET BUTS
Piazza Maggiore et la fontaine de Neptune
Deux tours (Due Torri) :
Basilique de San Petronio
Archiginnasio de Bologne

CHAPITRE 5
EXPÉRIENCES CULTURELLES
Musées et galeries d'art
Représentations d'opéra et de théâtre
Visites culinaires et cours de cuisine
CHAPITRE 6
RESTAURER ET VIE NOCTURNE
Cuisine bolognaise traditionnelle
Restaurants et restaurants locaux
Bars, cafés et discothèques
CHAPITRE 7
EXCURSIONS ET EXCURSIONS D'UNE JOURNÉE
Visites de vignobles en région Émilie-Romagne
Visiter Modène et Parme
Explorer la campagne toscane
CHAPITRE 8
CONSEILS PRATIQUES ET RESSOURCES
Langue et communication
Consignes de sécurité et contacts d'urgence
Applications et sites Web de voyage recommandés
CONCLUSION
Adieu à Bologne
Réflexions finales et recommandations

CHAPITRE 1

PLANIFIER VOTRE VOYAGE

Meilleur moment pour visiter Bologne

Bologne, nichée au cœur de la région italienne d'Émilie-Romagne, bénéficie d'un climat méditerranéen caractérisé par des étés chauds, des hivers doux et des printemps et des automnes agréables. Le climat de la ville, ainsi que sa scène culturelle dynamique et ses attractions historiques, en font une destination attrayante toute l'année. Cependant, chaque saison apporte son charme unique et ses opportunités d'exploration.

- **Printemps (mars à mai) :**

Le printemps est une période agréable pour visiter Bologne, car la ville se réveille de son sommeil hivernal et s'épanouit avec des couleurs vibrantes et des fleurs parfumées. Les températures commencent à se réchauffer, avec des températures moyennes allant de 15°C à 20°C (59°F à 68°F) en mars, grimpant à 20°C à 25°C (68°F à 77°F) en mai. .

L'un des points forts du printemps à Bologne est la Fiera di San Luca, une foire vieille de plusieurs siècles organisée en l'honneur du saint patron de la ville, San

Luca. La foire propose des stands de nourriture traditionnelle, des manèges de carnaval et des événements culturels, attirant des visiteurs d'ici et d'ailleurs.

Le printemps marque également le début de la saison des repas en plein air à Bologne, alors que les cafés et les restaurants installent des tables sur les trottoirs et les places, invitant les visiteurs à savourer des repas en plein air sous le chaud soleil.

- **Été (juin à août) :**

L'été à Bologne se caractérise par de longues journées ensoleillées et des soirées douces, ce qui en fait le moment idéal pour explorer les attractions de plein air et les événements culturels de la ville. Les températures moyennes varient de 25°C à 30°C (77°F à 86°F), avec des vagues de chaleur occasionnelles poussant les températures encore plus haut.

L'un des moments forts de l'été à Bologne est le Festival de Jazz de Bologne, qui a lieu chaque année en juin. Le festival présente des performances de musiciens de jazz de renommée mondiale et attire des mélomanes du monde entier.

Un autre moment fort de l'été est la Bologna Pride, une célébration vibrante de la diversité et de l'inclusion qui a lieu fin juin ou début juillet. L'événement comprend un défilé coloré, de la musique live et des performances culturelles, culminant dans une atmosphère festive qui remplit les rues de Bologne de joie et d'unité.

L'été est également la haute saison touristique à Bologne, avec des visiteurs affluant vers la ville pour explorer ses monuments historiques, ses musées et ses attractions culturelles. Pour éviter les foules, pensez à visiter les sites populaires tôt le matin ou tard dans l'après-midi.

- **Automne (septembre à novembre) :**

L'automne est une période magique pour visiter Bologne, car les rues et les places de la ville s'animent avec les couleurs vibrantes des feuilles changeantes et l'arôme des raisins et des olives fraîchement récoltés. Les températures moyennes varient de 20°C à 25°C (68°F à 77°F) en septembre, se refroidissant progressivement jusqu'à 10°C à 15°C (50°F à 59°F) en novembre.

L'un des moments forts de l'automne à Bologne est le festival annuel de la Mortadelle, qui a lieu fin septembre ou début octobre. Le festival célèbre l'exportation culinaire la plus célèbre de la ville, la mortadelle, avec des dégustations, des démonstrations culinaires et des stands de nourriture de rue proposant une variété de plats délicieux.

L'automne est également le moment idéal pour explorer la campagne environnante de Bologne, où vous attendent des collines, des vignobles et des villages médiévaux. Pensez à faire une excursion d'une journée dans les régions viticoles voisines telles que le Lambrusco et le Sangiovese, où vous pourrez déguster de bons vins et savourer une cuisine italienne traditionnelle.

- **Hiver (décembre à février) :**

L'hiver à Bologne est une période magique, car les rues et places historiques de la ville sont ornées de décorations festives et de lumières scintillantes. Les températures moyennes varient de 5°C à 10°C (41°F à 50°F), avec des chutes de neige occasionnelles ajoutant au charme de la ville.

L'un des points forts de l'hiver à Bologne est le marché de Noël, qui se tient sur la Piazza Maggiore et dans les rues environnantes tout au long du mois de décembre. Le marché présente des stands traditionnels en bois vendant des objets artisanaux, des décorations festives et de délicieuses friandises des Fêtes, créant une atmosphère festive qui ravit les visiteurs de tous âges.

L'hiver est également la période idéale pour savourer les délices culinaires de Bologne, des soupes et ragoûts copieux aux riches sortes de pâtes et aux desserts décadents. Réchauffez-vous avec un bol de tortellini traditionnels au brodo ou savourez une tranche de tiramisu crémeux dans l'une des trattorias chaleureuses de la ville.

Quelle que soit la saison, Bologne offre une multitude d'expériences et d'attractions pour ravir les visiteurs tout au long de l'année. Que vous exploriez ses monuments historiques, savouriez ses délices culinaires ou vous immergeiez dans sa scène culturelle dynamique, Bologne promet un voyage inoubliable rempli de chaleur, de beauté et de charme.

Préparatifs de voyage et options de transport

Informations détaillées sur les modalités de voyage et les options de transport pour visiter la belle ville de Bologne. Que vous arriviez par avion, en train, en voiture ou en bus, Bologne offre une variété de choix de transport pratiques et efficaces pour répondre à vos besoins.

- **Par avion:**

Bologne est desservie par l'aéroport Guglielmo Marconi (BLQ), situé à environ 6 kilomètres (3,7 miles) au nord-ouest du centre-ville. L'aéroport propose des vols nationaux et internationaux, reliant Bologne aux principales villes d'Europe et d'ailleurs.

À leur arrivée à l'aéroport, les voyageurs disposent de plusieurs options de transport pour rejoindre le centre-ville :

1. Navette Aéroport : LeAérobus Le service de navette BLQ circule entre l'aéroport et la gare centrale de Bologne, Bologna Centrale. Le trajet dure environ 20 minutes, avec des départs toutes les 11 minutes aux heures de pointe.

2. Taxi : Des taxis sont facilement disponibles à l'extérieur des terminaux de l'aéroport, offrant une option pratique pour les voyageurs qui préfèrent un service porte-à-porte. Le trajet jusqu'au centre-ville prend généralement environ 15 minutes, selon les conditions de circulation.

3. Voitures de location : Plusieurs sociétés de location de voitures ont des comptoirs à l'aéroport, proposant une gamme de véhicules adaptés à différents budgets et préférences. Les voyageurs peuvent facilement louer une voiture à leur arrivée et explorer Bologne et ses environs à leur rythme.

- **En train:**

Bologne est une plaque tournante ferroviaire majeure en Italie, avec d'excellentes liaisons ferroviaires vers les villes du pays et au-delà. Bologne Centrale est la gare principale de la ville, située au cœur du centre-ville.

Les voyageurs arrivant en train peuvent facilement rejoindre Bologne Centrale depuis d'autres grandes villes italiennes telles que Milan, Florence, Rome et Venise, ainsi que des destinations internationales telles que Paris, Munich et Vienne.

Une fois à Bologne Centrale, les voyageurs peuvent accéder au centre-ville et à d'autres destinations via différentes options de transport :

1. Métro: Bologne dispose d'un système de métro moderne et efficace, avec deux lignes (ligne A et ligne B) desservant la ville et ses environs. Bologne Centrale est une station d'échange majeure pour les deux lignes de métro, offrant un accès pratique aux principales destinations de la ville.

2. Bus: Bologne dispose d'un vaste réseau de bus locaux exploités par TPER (Trasporto Passeggeri Emilia-Romagna), offrant des liaisons vers les quartiers,

les banlieues et les villes voisines. Les arrêts de bus sont idéalement situés à l'extérieur de Bologne Centrale, offrant un accès facile à diverses parties de la ville.

3. Taxi: Des taxis sont disponibles à l'extérieur de Bologne Centrale pour les voyageurs recherchant un moyen direct et pratique d'atteindre leur destination finale. Des stations de taxis sont situées près de l'entrée principale de la gare, ce qui permet d'appeler facilement un taxi à votre arrivée.

- **En voiture:**

Les voyageurs qui envisagent d'explorer Bologne et ses environs en voiture constateront que la ville est facilement accessible via un réseau bien développé d'autoroutes et de routes. Bologne est située à l'intersection de plusieurs autoroutes principales, dont l'A1 (Autostrada del Sole) et l'A14 (Autostrada Adriatica), ce qui en fait une base idéale pour les road trips et les excursions.

À leur arrivée à Bologne, les voyageurs peuvent parcourir les rues de la ville et trouver un parking en utilisant les options suivantes :

1. Garages de stationnement : Bologne dispose de plusieurs parkings couverts répartis dans tout le centre-ville, offrant des options de stationnement de courte et de longue durée. Les parkings les plus populaires incluent la Piazza VIII Agosto, la Piazza di Porta Ravegnana et la Piazza Puntoni.

2. Stationnement sur rue : Le stationnement dans la rue avec parcomètre est disponible dans des zones désignées du centre-ville. Les visiteurs peuvent acheter des tickets de stationnement aux distributeurs automatiques à proximité et les afficher sur leur véhicule pour éviter les amendes.

3. Park and Ride : Bologne propose des parkings relais à la périphérie de la ville, permettant aux voyageurs de garer leur voiture dans des parkings désignés et d'utiliser les transports en commun pour rejoindre le centre-ville. Cette option est pratique pour les visiteurs qui préfèrent éviter de conduire dans les zones à circulation limitée du centre-ville.

☐ **En bus:**

Bologne est bien reliée aux autres villes et villages d'Italie et d'Europe grâce à un réseau de bus longue distance exploités par diverses sociétés. La principale gare routière de la ville, Autostazione di Bologna, est située près de la gare centrale de Bologne, offrant un accès facile aux voyageurs arrivant en bus.

Les voyageurs peuvent acheter des billets de bus et accéder à des informations sur les horaires et les itinéraires au terminal de bus ou en ligne sur le site Web de la compagnie de bus concernée. Les compagnies de bus populaires desservant Bologne incluent FlixBus, Baltour et Eurolines.

Une fois à Bologne, les voyageurs peuvent explorer la ville et ses attractions en utilisant le réseau de bus local exploité par TPER. Les bus offrent des liaisons pratiques vers les quartiers, les banlieues et les villes voisines, offrant ainsi un moyen abordable et efficace de se déplacer dans la ville.

Bologne offre une variété d'options de transport pour accueillir les voyageurs arrivant en avion, en train, en voiture ou en bus. Que vous préfériez la commodité de l'avion, l'efficacité du voyage en train, la flexibilité de la conduite ou le prix abordable du transport en bus, l'infrastructure de transport de Bologne garantit un accès facile à la ville et une connectivité transparente à ses attractions et à ses environs.

Budgétisation et change

Des informations complètes sur la gestion efficace de vos finances et la navigation dans les options de change pour garantir une expérience de voyage fluide et sans tracas.

- **Budgétisation de votre voyage :**

Avant de vous lancer dans votre voyage à Bologne, il est essentiel d'établir un budget réaliste pour vous aider à gérer vos dépenses et à tirer le meilleur parti de vos fonds de voyage. Voici quelques facteurs clés à prendre en compte lors de la budgétisation de votre voyage :

1. Hébergement : recherchez différentes options d'hébergement à Bologne, allant des auberges et maisons d'hôtes économiques aux hôtels de milieu de gamme et aux complexes hôteliers de luxe. Tenez compte de facteurs tels que l'emplacement, les commodités et les avis pour trouver un hébergement qui correspond à votre budget et à vos préférences.

2. Transport: Budget pour les frais de transport, y compris les billets d'avion ou de train pour Bologne, ainsi que les transports locaux dans la ville. Explorez les options telles que les bus publics, le métro, les taxis et les voitures de location pour déterminer le moyen le plus rentable de vous déplacer.

3. Alimentation et restauration : planifiez votre budget alimentaire en fonction de vos préférences culinaires et de vos exigences alimentaires. Bologne est connue pour sa délicieuse cuisine, alors assurez-vous de prévoir des fonds pour goûter aux spécialités locales et dîner dans les restaurants et les cafés.

4. Visites et activités : recherchez les attractions, les visites et les activités à Bologne qui vous intéressent et établissez un budget en conséquence. Gardez à l'esprit

que certaines attractions peuvent avoir des frais d'entrée, tandis que d'autres peuvent offrir des réductions ou une entrée gratuite certains jours.

5. Souvenirs et dépenses diverses : Mettez de côté des fonds pour les souvenirs, cadeaux et autres dépenses diverses qui pourraient survenir pendant votre voyage. Il est toujours sage de disposer d'un peu d'argent supplémentaire pour faire face à des dépenses imprévues ou à des urgences.

En créant un budget détaillé et en le respectant tout au long de votre voyage, vous pouvez mieux gérer vos finances et garantir une expérience de voyage sans stress à Bologne.

- **Échange de devises:**

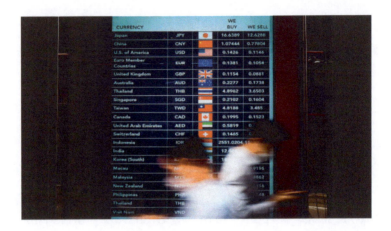

La monnaie officielle de l'Italie est l'euro (EUR), en abrégé €. Lorsque vous visitez Bologne, il est important d'échanger votre devise contre des euros afin de l'utiliser pour les transactions et les achats pendant votre séjour. Voici quelques conseils pour échanger des devises à Bologne :

1. Échangez des devises avant votre voyage : Il est souvent recommandé d'échanger des devises avant votre voyage à Bologne afin de vous assurer d'avoir de l'argent liquide à votre arrivée. Vous pouvez échanger des devises dans votre banque locale, dans des bureaux de change ou dans des services de change en ligne.

2. Distributeurs automatiques de billets : les distributeurs automatiques de billets sont largement disponibles dans Bologne et offrent un moyen pratique de retirer des euros en utilisant votre carte de débit ou de crédit. Recherchez les guichets automatiques affiliés aux grandes banques pour éviter les frais excessifs et les taux de change défavorables.

3. Bureaux de change : Bologne dispose de plusieurs bureaux de change situés dans le centre-ville, à proximité des attractions touristiques, des centres de transport et des zones commerçantes. Ces bureaux offrent généralement des taux de change compétitifs et peuvent facturer une petite commission ou des frais pour leurs services.

4. Banques : De nombreuses banques de Bologne proposent des services de change à leurs clients et peuvent proposer des taux avantageux par rapport aux bureaux de change et aux aéroports. Cependant, sachez que les banques peuvent avoir des horaires d'ouverture limités et facturer des frais pour les transactions de change.

5. Cartes de crédit : Les cartes de crédit sont largement acceptées dans les hôtels, restaurants, magasins et attractions touristiques de Bologne. Cependant, il est conseillé d'informer votre banque de vos projets de voyage et de vous renseigner sur les frais de transaction à l'étranger et les taux de change associés à l'utilisation de votre carte de crédit à l'étranger.

Lorsque vous échangez des devises à Bologne, il est important de comparer les taux de change, les frais et les commissions pour vous assurer d'obtenir le meilleur rapport qualité-prix. De plus, méfiez-vous des opérateurs de change non autorisés et vérifiez toujours les taux de change avant d'effectuer des transactions.

☐ **Conseils économiques :**

En plus d'échanger des devises et de budgétiser votre voyage, voici quelques conseils économiques pour vous aider à optimiser vos fonds de voyage et à tirer le meilleur parti de votre séjour à Bologne :

1. Attractions et activités gratuites : profitez d'attractions gratuites, telles que des monuments historiques, des

parcs et des musées, qui offrent une entrée gratuite ou une entrée à prix réduit certains jours.

2. Pique-niques et marchés : Économisez de l'argent sur les repas au restaurant en achetant des produits frais, du pain, du fromage et d'autres spécialités locales sur les marchés et les épiceries pour les pique-niques et les repas sur le pouce.

3. Happy Hours et offres spéciales : recherchez les offres spéciales happy hour et les réductions dans les restaurants et les bars, où vous pourrez déguster des boissons et des apéritifs à prix réduits à certaines heures de la journée.

4. Pass de transports en commun : envisagez d'acheter un pass ou un billet de transports en commun de plusieurs jours pour économiser de l'argent sur les tarifs de bus et de métro lorsque vous explorez Bologne.

5. Voyager hors pointe : voyager pendant la saison intermédiaire ou hors pointe peut entraîner une baisse des prix de l'hébergement, des vols et des attractions, vous permettant ainsi de profiter de Bologne sans vous ruiner.

En mettant en œuvre ces conseils économiques et en tenant compte de vos dépenses, vous pouvez tirer le meilleur parti de votre voyage à Bologne tout en respectant vos contraintes budgétaires.

La budgétisation et le change sont des aspects essentiels de la planification d'un voyage lors d'une visite à Bologne. En créant un budget réaliste, en échangeant judicieusement des devises et en adoptant des pratiques respectueuses du budget, vous pourrez vivre une expérience de voyage mémorable et abordable dans cette charmante ville italienne.

CHAPITRE 2
SE DÉPLACER À BOLOGNE

Guide des transports en commun

Naviguer dans une nouvelle ville peut être intimidant, mais avec ces informations, vous pourrez explorer facilement les attractions, les quartiers et les environs de Bologne en utilisant son système de transports en commun efficace et fiable.

☐ **Aperçu des transports publics :**

Bologne dispose d'un réseau de transports publics bien développé comprenant des bus et un système de métro, offrant un accès pratique au centre-ville, aux banlieues et aux villes voisines. Que vous voyagiez pour faire du tourisme, faire du shopping ou manger, les transports en commun constituent un moyen économique et écologique de vous déplacer à Bologne.

- **Les autobus:**

Le système de bus de Bologne est exploité par TPER (Trasporto Passeggeri Emilia-Romagna) et dessert la ville et ses environs. Avec plus de 70 lignes de bus couvrant environ 400 kilomètres de lignes, les bus assurent une couverture complète de Bologne et de sa banlieue.

- **Types de services de bus :**

1. Service de bus urbains : le réseau de bus urbains couvre la ville de Bologne et ses environs immédiats, assurant des liaisons avec les quartiers, les attractions et les pôles de transport. Les bus circulent fréquemment tout au long de la journée, avec des horaires de service prolongés en semaine et des horaires réduits le week-end et les jours fériés.

2. Service de bus de banlieue : des bus de banlieue relient Bologne aux villes et villages voisins, offrant ainsi aux navetteurs et aux visiteurs un accès aux zones situées au-delà des limites de la ville. Ces bus circulent généralement moins fréquemment que les bus urbains, mais offrent des options de transport pratiques pour explorer la région.

3. Service de bus de nuit : Le service de bus de nuit de Bologne, connu sous le nom de « BLQ Notturno », fonctionne tard dans la nuit, lorsque le service de bus régulier n'est pas disponible. Les bus de nuit assurent le

transport vers les principales destinations de la ville et circulent sur des itinéraires désignés tout au long de la nuit.

- **Métro:**

Le système de métro de Bologne, connu sous le nom de « Metropolitana di Bologna », se compose de deux lignes (ligne A et ligne B) qui desservent la ville et ses environs. Le métro offre des options de transport rapides et efficaces aux navetteurs et aux visiteurs, avec des trains circulant à intervalles réguliers tout au long de la journée.

Ligne A : La ligne A du métro de Bologne relie le centre-ville à la banlieue sud et dessert des destinations clés telles que la gare centrale de Bologne, la Piazza Maggiore et le quartier de la Fiera.

Ligne B : La ligne B du métro de Bologne relie le centre-ville à la banlieue nord, avec des arrêts à des endroits clés tels que la gare centrale de Bologne, l'université de Bologne et l'hôpital Policlinico Sant'Orsola-Malpighi.

- **Billets et tarifs :**

Pour utiliser le système de transports publics de Bologne, les passagers doivent acheter des billets ou des pass à l'avance. Voici un aperçu des options de billets et des tarifs :

1. Billets simples : les billets simples sont valables pour un seul trajet en bus ou en métro et peuvent être achetés auprès des distributeurs automatiques de billets, des détaillants agréés ou à bord des bus. Les billets sont généralement valables pour une période déterminée (par exemple 75 minutes) et permettent des transferts entre différents modes de transport pendant la période de validité.

2. Pass quotidiens et hebdomadaires: Les laissez-passer quotidiens et hebdomadaires offrent des déplacements illimités dans les bus et le métro pour une durée spécifiée (par exemple, 24 heures, 7 jours). Ces pass sont idéaux pour les visiteurs qui envisagent d'utiliser fréquemment les transports en commun pendant leur séjour à Bologne et offrent des économies par rapport à l'achat de billets individuels pour chaque voyage.

3. Billets intégrés : les billets intégrés donnent accès à plusieurs modes de transport, notamment les bus, le métro et les trains de banlieue, dans une zone ou une zone spécifiée. Ces billets sont pratiques pour les passagers voyageant dans différentes parties de

Bologne et de ses régions environnantes et offrent flexibilité et facilité d'utilisation.

4. Tarifs spéciaux : Bologne propose des tarifs spéciaux et des réductions pour les enfants, les personnes âgées, les étudiants et autres groupes éligibles. Les passagers doivent présenter une pièce d'identité ou des documents valides pour bénéficier de tarifs réduits lors de l'achat de billets ou de laissez-passer.

- **Utiliser les transports en commun :**

Naviguer dans le système de transports publics de Bologne est simple, grâce à une signalisation claire, des plans d'itinéraire et des informations disponibles aux arrêts de bus, aux stations de métro et aux distributeurs automatiques de billets. Voici quelques conseils pour utiliser les transports en commun à Bologne :

1. Planifiez votre itinéraire : avant de voyager, familiarisez-vous avec les itinéraires, les horaires et les arrêts de bus et de métro à l'aide des planificateurs d'itinéraire en ligne, des applications mobiles ou des cartes imprimées disponibles auprès de TPER. Planifiez

votre itinéraire à l'avance pour minimiser les temps d'attente et garantir un voyage fluide.

2. Arrivez tôt : arrivez aux arrêts de bus et aux stations de métro quelques minutes avant l'heure de départ prévue pour éviter de rater votre correspondance. Soyez attentif aux heures de pointe et prévoyez du temps supplémentaire pour l'embarquement pendant les périodes de pointe.

3. Validez votre billet : N'oubliez pas de valider votre billet avant de monter à bord des bus ou d'entrer dans le métro. Des machines de validation de billets sont situées dans les bus et aux entrées des stations de métro et doivent être utilisées pour activer votre billet avant le voyage.

4. Respectez les autres passagers : soyez prévenant envers les autres passagers et respectez l'étiquette et les règles lorsque vous utilisez les transports en commun. Offrez votre siège à ceux qui en ont besoin, réduisez les niveaux de bruit au minimum et évitez de bloquer les portes ou les allées lors de l'embarquement et de la descente.

☐ **Accessibilité:**

Le système de transport public de Bologne est conçu pour être accessible aux passagers handicapés et à mobilité réduite. Les bus et les stations de métro sont équipés de fonctionnalités telles que des rampes, des sièges prioritaires et des annonces audio pour garantir que tous les passagers peuvent voyager en toute sécurité et confortablement.

Le système de transports publics de Bologne est pratique, abordable et efficace.

Visites et itinéraires à pied

Les charmantes visites à pied et itinéraires de Bologne vous invitent à explorer à pied la riche histoire, le patrimoine culturel et les merveilles architecturales de la ville. Le centre-ville compact de Bologne, ses rues piétonnes et ses quartiers pittoresques en font une destination idéale pour des promenades et des visites à pied autoguidées, vous permettant de vous immerger dans la beauté et le charme de cette ville italienne captivante.

- **Aperçu des visites à pied :**

Les visites à pied de Bologne offrent aux visiteurs la possibilité de découvrir les joyaux cachés de la ville, les monuments emblématiques et les quartiers animés à leur propre rythme. Que vous soyez intéressé par l'histoire, l'art, la cuisine ou la culture locale, il existe une visite à pied pour tous les intérêts et préférences. Des visites guidées dirigées par des habitants compétents aux itinéraires autoguidés organisés par des experts en voyages, les visites à pied de Bologne offrent une manière immersive et mémorable de découvrir le charme unique de la ville.

- **Visites et itinéraires à pied populaires :**

1. Visite du centre-ville historique :

Explorez le centre-ville historique de Bologne lors d'une visite guidée à pied qui vous fera découvrir des rues médiévales étroites, de charmantes places et des merveilles architecturales. Les points forts de cette visite incluent la Piazza Maggiore, le cœur de la ville, ornée de l'emblématique fontaine de Neptune et de la majestueuse basilique de San Petronio. Promenez-vous dans le Quadrilatero, le quartier du marché médiéval de Bologne, où vous pourrez déguster des spécialités locales et parcourir les boutiques d'artisans. Ne manquez pas les Deux Tours, les monuments les plus célèbres de Bologne, offrant une vue panoramique sur la ville depuis leurs hauteurs.

2. Visite du quartier universitaire :

Découvrez l'atmosphère animée du quartier universitaire de Bologne lors d'une visite à pied qui explore la prestigieuse université de Bologne, l'une des plus anciennes universités du monde. Visitez les bâtiments historiques de l'université, notamment l'Archiginnasio, qui abrite le théâtre anatomique et la bibliothèque de l'université. Promenez-vous dans les rues étroites bordées de librairies, de cafés et de lieux de rencontre pour étudiants, en vous imprégnant de l'énergie juvénile et de l'ambiance intellectuelle de ce quartier animé.

3. Visite artistique et culturelle :

Plongez dans le riche patrimoine artistique de Bologne lors d'une visite à pied qui présente l'impressionnante collection de galeries d'art, de musées et d'institutions culturelles de la ville. Visitez la Pinacothèque nationale de Bologne, qui abrite des chefs-d'œuvre d'artistes renommés tels que Raphaël, Titien et Caravage. Explorez le Musée d'art moderne de Bologne (MAMbo), présentant des œuvres contemporaines d'artistes italiens et internationaux. Admirez les superbes fresques de la basilique San Francesco, un joyau caché niché au cœur du centre historique de Bologne.

4. Visite culinaire :

Faites plaisir à vos sens lors d'une visite culinaire à pied qui vous fera découvrir les saveurs et les arômes de la célèbre cuisine de Bologne. Dégustez des spécialités locales telles que les tagliatelles au ragù, les tortellini au couvain et la mortadelle dans les trattorias traditionnelles, les osterias et les stands de nourriture de rue. Visitez le Mercato di Mezzo, un marché couvert historique datant du Moyen Âge, où vous pourrez acheter des produits frais, des fromages, des viandes et d'autres délices gastronomiques. Découvrez l'art de la fabrication des pâtes et des glaces auprès des artisans locaux et savourez le goût authentique des traditions culinaires de Bologne.

5. Visite des espaces verts :

Évadez-vous de l'agitation de la ville lors d'une visite à pied qui explore les parcs, jardins et espaces verts luxuriants de Bologne. Promenez-vous dans les Giardini Margherita, le plus grand parc public de Bologne, avec des avenues bordées d'arbres, des jardins fleuris et un lac pittoresque. Explorez l'Orto Botanico di Bologna, l'un des plus anciens jardins botaniques d'Europe, abritant une collection diversifiée d'espèces végétales du monde entier. Détendez-vous et détendez-vous dans le Parco della Montagnola, une oasis tranquille au cœur de la ville, où vous pourrez profiter d'une vue panoramique sur les toits de Bologne et les collines environnantes.

- **Itinéraires pédestres autoguidés :**

En plus des visites guidées à pied, Bologne propose de nombreux itinéraires pédestres autoguidés qui vous permettent d'explorer la ville à votre rythme. Ces itinéraires sont conçus pour mettre en valeur les monuments architecturaux, les attractions culturelles et les trésors cachés de Bologne, offrant ainsi une manière flexible et personnalisable de découvrir le charme de la ville. Certains itinéraires de randonnée autoguidés populaires à Bologne comprennent :

1. La route des sept églises : découvrez le patrimoine religieux de Bologne lors d'une visite à pied autoguidée qui visite sept églises historiques disséminées dans la ville. Les points forts de cet itinéraire incluent la basilique de San Petronio, le sanctuaire de la Madonna di San Luca et l'église de Santo Stefano, connue sous le nom de « complexe des sept églises ».

2. La route des portiques de Bologne : explorez les portiques emblématiques de Bologne lors d'une visite à pied autoguidée qui suit les allées couvertes de la ville, qui s'étendent sur plus de 40 kilomètres à travers le centre historique. Admirez la beauté architecturale de ces structures vieilles de plusieurs siècles en vous promenant dans de charmantes rues et ruelles cachées.

3. Route des tours de Bologne : remontez le temps jusqu'à la Bologne médiévale lors d'une visite à pied autoguidée qui explore les tours emblématiques de la ville, symboles de sa richesse et de sa puissance au Moyen Âge. Montez la Torre degli Asinelli et la Torre

della Garisenda pour une vue imprenable sur les toits de Bologne et la campagne environnante.

☐ **Conseils pratiques pour les visites à pied :**

1. Portez des chaussures et des vêtements confortables adaptés à la marche sur de longues distances et à l'exploration des attractions extérieures.

2. Restez hydraté et emportez une bouteille d'eau avec vous, surtout par temps chaud.

3. Apportez une carte, un guide ou un smartphone avec navigation GPS pour vous aider à naviguer dans la ville et à trouver des points d'intérêt le long de votre itinéraire de randonnée.

4. Prendre faites des pauses selon vos besoins et reposez-vous dans des zones ombragées ou dans des cafés en plein air pour vous ressourcer et profiter de l'ambiance locale.

5. Soyez respectueux des coutumes, réglementations et étiquettes locales lorsque vous explorez les quartiers et les attractions de Bologne.

Les visites et itinéraires à pied de Bologne offrent aux visiteurs une manière immersive et enrichissante de découvrir l'histoire, la culture et la beauté de la ville. Que vous choisissiez une visite guidée ou que vous vous lanciez dans une aventure autoguidée, se promener dans les rues de Bologne promet des moments inoubliables et des découvertes mémorables à chaque coin de rue.

Services de location de vélos

Les services de location de vélos disponibles à Bologne offrent aux visiteursun pratique et écologique pour découvrir la ville et ses environs. Le terrain plat de Bologne, ses pistes cyclables bien entretenues et ses infrastructures adaptées aux vélos en font une destination idéale pour les amateurs de cyclisme de tous niveaux. Que vous soyez intéressé par des promenades tranquilles dans les quartiers historiques ou des excursions pittoresques à la campagne, la location d'un vélo à Bologne vous permet de découvrir la ville à votre rythme tout en profitant de la liberté et de la flexibilité des transports à deux roues.

☐ **Aperçu des services de location de vélos :**

Bologne propose une variété de services de location de vélos pour répondre à différentes préférences, budgets et durées de séjour. Des magasins de vélos traditionnels et agences de location aux programmes innovants de partage de vélos, les visiteurs ont le choix entre de nombreuses options lorsqu'il s'agit de louer un vélo à Bologne.

☐ **Types de services de location de vélos :**

1. Magasins de vélos et agences de location :

Les magasins de vélos traditionnels et les agences de location de Bologne proposent une large gamme de vélos à louer, notamment des vélos de ville, des vélos hybrides, des VTT et des vélos électriques. Ces services de location s'adressent généralement aux touristes et aux locaux, fournissant des vélos, des casques, des cadenas et d'autres accessoires bien entretenus pour une expérience cycliste sans tracas. Certains magasins de vélos proposent également des visites guidées à vélo, des services de réparation et des cartes d'itinéraire pour vous aider à tirer le meilleur parti de votre aventure à vélo à Bologne.

2. Programmes de partage de vélos :

Bologne abrite plusieurs programmes de partage de vélos qui offrent un accès pratique et abordable aux vélos pour une utilisation à court terme. Ces programmes fonctionnent généralement en libre-service, permettant aux utilisateurs de louer et de restituer des vélos dans des stations désignées situées dans toute la ville. Les programmes de partage de vélos à Bologne incluent Mobike, TPER Bike et GoBee Bike, chacun proposant différents plans tarifaires, options de location et fonctionnalités pour répondre à différents besoins et préférences.

3. Location d'hôtels et d'hébergement :

De nombreux hôtels, auberges et maisons d'hôtes à Bologne proposent des services de location de vélos à leurs clients comme commodité pratique. Les visiteurs séjournant dans des hébergements avec location de vélos sur place peuvent bénéficier d'un accès facile aux vélos pour explorer la ville et les attractions à proximité. Certains hôtels peuvent proposer la location gratuite de vélos dans le cadre de leurs prestations, tandis que d'autres peuvent facturer des frais nominaux pour l'utilisation du vélo.

- **Comment louer un vélo :**

Louer un vélo à Bologne est un processus simple et la plupart des services de location proposent des options de réservation en ligne pour plus de commodité. Voici un guide étape par étape pour louer un vélo à Bologne :

1. Recherchez les options de location : Commencez par rechercher les services de location de vélos à Bologne, notamment les magasins de vélos, les agences de location et les programmes de partage de vélos. Comparez les prix, les conditions de location et les

modèles de vélos disponibles pour trouver la meilleure option pour vos besoins et votre budget.

2. Faire une réservation : Une fois que vous avez choisi un service de location, effectuez une réservation en ligne ou par téléphone pour sécuriser votre location de vélo. Fournissez au service de location vos dates de location préférées, votre type de vélo et tous les accessoires ou services supplémentaires dont vous pourriez avoir besoin, tels que des casques, des cadenas ou des visites guidées.

3. Récupérez votre vélo : Le jour de votre location, rendez-vous au point de location ou à la station de partage de vélos pour récupérer votre vélo. Selon le service de location, vous devrez peut-être présenter une pièce d'identité valide, signer un contrat de location et effectuer le paiement des frais de location et des éventuels frais supplémentaires.

4. Explorez Bologne : Une fois que vous avez votre vélo, vous êtes prêt à commencer à explorer Bologne ! Utilisez les pistes cyclables, les pistes cyclables et les itinéraires cyclables désignés pour parcourir la ville de manière sûre et efficace. Assurez-vous de respecter le

code de la route, de céder le passage aux piétons et de verrouiller votre vélo en toute sécurité lorsqu'il n'est pas utilisé.

5. Restituez votre vélo : À la fin de votre période de location, restituez votre vélo au lieu de location ou à la station de partage de vélos désignée selon les instructions du service de location. Vérifiez le vélo pour déceler tout dommage ou tout accessoire manquant avant de le retourner, et réglez tous les frais ou charges de location impayés.

- **Conseils pour louer un vélo à Bologne :**

1. Choisissez le bon vélo : sélectionnez un vélo adapté à votre style de conduite et à votre niveau de confort, que vous préfériez un vélo de ville pour les balades tranquilles ou un vélo de montagne pour les aventures hors route.

2. Vérifiez les politiques de location : familiarisez-vous avec les termes et conditions du service de location, y compris les frais de location, les exigences de dépôt et les politiques d'annulation, avant de faire une réservation.

3. Inspectez le vélo : Avant de prendre possession de votre vélo de location, inspectez-le pour déceler tout dommage, usure ou problème mécanique. Signalez tout problème au service de location pour éviter toute responsabilité en cas de dommages.

4. Portez un équipement de sécurité : portez toujours un casque et des vêtements réfléchissants lorsque vous faites du vélo à Bologne, en particulier dans les rues animées ou la nuit. Utilisez des lumières et des réflecteurs pour augmenter la visibilité et réduire le risque d'accident.

5. Verrouillez votre vélo : utilisez un cadenas robuste pour sécuriser votre vélo lorsque vous le garez dans des espaces publics, des supports à vélos ou des zones de stationnement désignées. Évitez de laisser votre vélo sans surveillance dans les zones à fort vol ou pendant la nuit.

- **Avantages de louer un vélo à Bologne :**

Louer un vélo à Bologne offre de nombreux avantages aux visiteurs souhaitant explorer la ville et ses environs :

1. Flexibilité : le vélo vous permet d'explorer Bologne à votre rythme et selon votre emploi du temps, avec la liberté de vous arrêter et d'explorer les attractions, les parcs et les quartiers en cours de route.

2. Santé et forme physique : Le vélo est un excellent moyen de rester actif et de maintenir un mode de vie sain en voyage. Profitez de l'air frais, des vues panoramiques et de l'exercice physique que le vélo offre en explorant les rues et la campagne de Bologne.

3. Durabilité environnementale : choisir de faire du vélo plutôt que de conduire réduit les émissions de carbone et contribue à une expérience de voyage plus durable et respectueuse de l'environnement. En louant un vélo à Bologne, vous pouvez minimiser votre impact environnemental tout en profitant des images et des sons de la ville.

4. Économies de coûts : La location d'un vélo est une option de transport rentable par rapport aux taxis, aux transports en commun ou aux voitures de location, vous permettant d'augmenter davantage votre budget de voyage et d'allouer des fonds pour d'autres expériences et activités à Bologne.

5. Expérience locale : Faire du vélo à travers Bologne vous permet de vous immerger dans la culture locale de la ville, d'interagir avec les habitants et de découvrir des joyaux cachés hors des sentiers battus. Découvrez Bologne comme un local en pédalant dans ses rues, ses places et ses marchés, en vous imprégnant de l'atmosphère et du charme authentiques.

Louer un vélo à Bologne offre aux visiteurs un moyen pratique, agréable et durable d'explorer la ville et ses environs. Que vous vous lanciez dans des visites guidées, des aventures autoguidées ou des balades tranquilles dans les rues de Bologne, le vélo vous permet de découvrir la beauté, la culture et l'hospitalité de la ville de manière unique et mémorable. Alors prenez un vélo, prenez la route et découvrez la magie de Bologne sur deux roues !

CHAPITRE 3
EXPLORER LES QUARTIERS DE BOLOGNE

Centre historique

La riche histoire, le patrimoine culturel et les merveilles architecturales du centre historique de Bologne. Niché au cœur de la région Émilie-Romagne en Italie, le centre historique de Bologne est un trésor de charme médiéval, de grandeur de la Renaissance et de beauté intemporelle. Avec ses rues labyrinthiques, ses portiques élégants et ses monuments majestueux, le centre historique offre aux visiteurs un voyage captivant à travers des siècles d'histoire et de tradition.

Aperçu du centre historique :

Le centre historique de Bologne, également connu sous le nom de « noyau médiéval », englobe la partie la plus ancienne et la mieux préservée de la ville, remontant à sa fondation il y a plus de deux mille ans. Classé au patrimoine mondial de l'UNESCO, le centre historique témoigne du passé illustre de Bologne en tant que centre important de commerce, de culture et d'apprentissage dans l'Europe médiévale.

Principales attractions et monuments :

1. Piazza Maggiore : Cœur battant du centre historique, la Piazza Maggiore est une vaste place ouverte entourée d'arcades élégantes, de bâtiments historiques et de cafés animés. Au centre de la place se dresse l'emblématique fontaine de Neptune, chef-d'œuvre de la sculpture Renaissance de Giambologna. À proximité, les visiteurs peuvent admirer l'imposante basilique de San Petronio, l'une des plus grandes églises d'Italie, réputée pour sa façade gothique saisissante et son intérieur majestueux.

2. Deux tours : Symboles du patrimoine médiéval de Bologne, les deux tours, Torre degli Asinelli et Torre della Garisenda, constituent des monuments emblématiques du centre historique. Datant du XIIe siècle, ces tours penchées offrent depuis leurs hauteurs une vue panoramique sur la ville et la campagne environnante, offrant une perspective unique sur le paysage architectural de Bologne.

3. Archiginnasio : Témoignage du prestigieux héritage académique de Bologne, l'Archiginnasio est un magnifique bâtiment Renaissance qui abritait autrefois la prestigieuse université de la ville. Aujourd'hui, il sert de bibliothèque principale de l'Université de Bologne et abrite le Théâtre Anatomique historique, une fascinante salle de conférence anatomique ornée de sculptures sur bois complexes et de peintures allégoriques.

4. Quadrilatero : quartier du marché médiéval de Bologne, le Quadrilatero est un labyrinthe de rues étroites et de ruelles animées bordées de boutiques d'artisans, d'épiceries fines et de marchés alimentaires traditionnels. Les visiteurs peuvent explorer l'atmosphère animée de ce quartier historique en

dégustant des spécialités locales telles que les pâtes fraîches, le fromage Parmigiano Reggiano et la charcuterie dans les différents stands et magasins.

5. Basilique de Santo Stefano : Connue sous le nom de « Complexe des sept églises », la basilique de Santo Stefano est un ensemble architectural unique comprenant plusieurs églises et chapelles interconnectées datant de différentes périodes historiques. Les visiteurs peuvent se promener dans le complexe labyrinthique, s'émerveiller devant ses fresques anciennes, ses cryptes et ses reliques sacrées, et s'imprégner de l'ambiance spirituelle de ce site sacré.

- **Importance historique:**

Le centre historique de Bologne a joué un rôle central dans la formation de l'identité et du caractère de la ville au fil des siècles. Depuis ses origines en tant que colonie romaine connue sous le nom de « Bononia » jusqu'à son apogée en tant que métropole médiévale florissante, Bologne a été une plaque tournante du commerce, de la culture et de la recherche intellectuelle tout au long de sa riche histoire. L'emplacement stratégique de la ville le long des routes commerciales telles que la Via Emilia et sa célèbre université, fondée en 1088, en ont fait un carrefour culturel et un phare d'apprentissage et d'innovation en Europe.

- **Merveilles architecturales :**

L'une des caractéristiques les plus distinctives du centre historique est sa diversité architecturale, avec des bâtiments couvrant différentes périodes historiques et styles architecturaux. Les visiteurs peuvent admirer les détails complexes des tours médiévales, les arcades gracieuses des palais de la Renaissance et les élégantes façades des églises baroques en se promenant dans les rues de Bologne. Les célèbres portiques de la ville, avec plus de 40 kilomètres de passages couverts, constituent un élément architectural unique qui protège des éléments et ajoute au charme distinctif de la ville.

- **Héritage culturel:**

Le centre historique de Bologne est un centre dynamique d'activité culturelle, avec de nombreux musées, galeries, théâtres et institutions culturelles dispersés dans toute la ville. Les visiteurs peuvent explorer les collections d'art de classe mondiale à la Pinacothèque nationale de Bologne, découvrir des objets anciens au musée archéologique et assister à des représentations dans des théâtres historiques tels que le Teatro Comunale et le Teatro Arena del Sole. La ville accueille également une variété d'événements culturels et de festivals tout au long de l'année, célébrant la musique, l'art, la littérature et la gastronomie.

- **Délices gastronomiques :**

Aucune visite du centre historique de Bologne ne serait complète sans se livrer à ses délices culinaires. Connue comme la « capitale gastronomique de l'Italie », Bologne est célèbre pour son riche patrimoine culinaire et ses plats traditionnels tels que les tagliatelles au ragù, les tortellini au brodo et la mortadelle. Les visiteurs peuvent savourer ces délicieuses spécialités dans les trattorias, osterias et restaurants du centre historique, en se plongeant dans les saveurs et les arômes de l'authentique cuisine bolognaise.

Le centre historique de Bologne est une destination captivante qui invite les visiteurs à se plonger dans sa riche histoire, son patrimoine culturel et sa splendeur architecturale. Qu'il se promène dans ses rues médiévales, s'émerveille devant ses monuments emblématiques ou savoure ses délices culinaires, le centre historique offre une expérience vraiment inoubliable qui capture l'essence du charme intemporel de Bologne. Avec son atmosphère vibrante, ses habitants accueillants et sa richesse d'attractions, le centre historique invite les voyageurs à se lancer dans un voyage de découverte et d'exploration au cœur de cette charmante ville italienne.

Quartier universitaire

Le quartier universitaire animé et dynamique de Bologne est un quartier animé qui regorge d'énergie, de créativité et de ferveur intellectuelle. Abritant l'une des universités les plus anciennes et les plus prestigieuses au monde, l'Université de Bologne, ce quartier animé offre aux visiteurs un mélange unique d'excellence académique, de diversité culturelle et de vitalité juvénile.

☐ **Aperçu du quartier universitaire :**

Situé au cœur du centre-ville historique, le quartier universitaire de Bologne est un pôle florissant d'activités académiques et culturelles. S'étendant de la Piazza Verdi à la Via Zamboni et au-delà, le quartier englobe un réseau de rues, de places et de bâtiments façonnés par des siècles de tradition savante et d'innovation. Avec sa population étudiante dynamique et son mélange éclectique de cafés, de librairies et de lieux culturels, le quartier universitaire est une destination dynamique et inspirante pour les visiteurs souhaitant s'immerger dans la scène académique et culturelle de Bologne.

- **Histoire de l'Université de Bologne :**

L'Université de Bologne, fondée en 1088, a la particularité d'être la plus ancienne université en activité continue du monde occidental. Initialement créée comme centre d'étude du droit, l'université a rapidement pris de l'importance, attirant des étudiants et des universitaires de toute l'Europe et d'ailleurs. Au fil des siècles, l'université a élargi son programme pour inclure un large éventail de disciplines, notamment la médecine, la philosophie, la théologie et les arts, consolidant ainsi sa réputation de centre d'apprentissage et de recherche intellectuelle de premier plan.

- **Principales attractions et monuments :**

1. Archiginnasio : L'un des bâtiments les plus emblématiques du quartier universitaire, l'Archiginnasio a servi de siège principal à l'Université de Bologne

pendant plus de trois siècles. Construit au XVIe siècle, l'Archiginnasio est réputé pour sa magnifique architecture Renaissance, sa cour ornée et son théâtre anatomique historique. Les visiteurs peuvent explorer la riche histoire et l'importance culturelle du bâtiment à travers des visites guidées et des expositions présentant son impressionnante collection d'objets, de manuscrits et de souvenirs académiques.

2. Via Zamboni : L'artère animée de Via Zamboni est l'épicentre de la vie étudiante à Bologne, bordée de cafés, de bars, de librairies et de lieux de rencontre pour étudiants. Nommée d'après le célèbre physicien Giovanni Zamboni, la rue abrite plusieurs départements universitaires, facultés et instituts de recherche, ainsi que l'emblématique Teatro Comunale di Bologna et l'église historique de San Giacomo Maggiore.

3. Museo Palazzo Poggi : Installé dans le Palazzo Poggi historique, le Museo Palazzo Poggi est un musée fascinant qui présente la riche histoire et le patrimoine de l'Université de Bologne. Les visiteurs peuvent explorer un large éventail d'expositions, notamment des instruments scientifiques, des modèles anatomiques,

des livres rares et des œuvres d'art, donnant un aperçu des contributions de l'université au monde universitaire et à la découverte scientifique au fil des siècles.

4. Jardin botanique : L'Orto Botanico di Bologna, créé en 1568, est l'un des plus anciens jardins botaniques d'Europe et un joyau caché du quartier universitaire. S'étendant sur quatre hectares, le jardin présente une collection diversifiée d'espèces végétales du monde entier, ainsi que des serres historiques, des étangs et des sculptures extérieures. Les visiteurs peuvent se promener dans les sentiers tranquilles, admirer les fleurs saisonnières et découvrir les merveilles botaniques cultivées dans ses murs.

- **Événements et activités culturels :**

Le quartier universitaire de Bologne est une ruche d'activités culturelles, avec un calendrier dynamique d'événements, de festivals et de spectacles tout au long de l'année. Des conférences et colloques universitaires aux expositions d'art, projections de films et concerts de musique live, il se passe toujours quelque chose d'excitant dans le quartier. Les visiteurs peuvent assister à des conférences, des séminaires et des ateliers organisés par les professeurs estimés de l'université, ou explorer la scène artistique et culturelle florissante qui fleurit dans les cafés, théâtres et galeries du quartier.

☐ **Vie étudiante et ambiance :**

Au cœur du quartier universitaire se trouve sa population étudiante dynamique, qui insuffle au quartier énergie, créativité et diversité. Avec plus de 85 000 étudiants inscrits à l'Université de Bologne, le quartier est un creuset de cultures, de langues et d'idées, créant une atmosphère dynamique et cosmopolite, à la fois accueillante et inspirante. Les visiteurs peuvent se mêler aux étudiants dans les cafés, bars et lieux culturels du quartier, et avoir un aperçu de leurs activités académiques, de leurs passions et de leurs perspectives.

☐ **Délices gastronomiques :**

Aucune visite du quartier universitaire ne serait complète sans se livrer à ses délices gastronomiques. Des trattorias traditionnelles servant une copieuse cuisine bolognaise aux cafés et gelaterias branchés proposant des délices artisanaux, le quartier est un paradis culinaire pour les gourmands. Les visiteurs peuvent déguster des spécialités locales telles que les tagliatelles au ragù, les tortellini in brodo et les glaces dans les nombreux restaurants du quartier, ou explorer les marchés animés et les stands de nourriture proposant des produits frais, des fromages et d'autres délices gastronomiques.

Le quartier universitaire de Bologne est un quartier vivant et dynamique qui invite les visiteurs à s'immerger dans son riche patrimoine académique, sa diversité culturelle et son énergie juvénile. Qu'il s'agisse d'explorer ses monuments historiques, d'assister à des événements culturels ou de goûter à ses délices culinaires, le quartier offre une expérience unique et inoubliable qui capture l'essence de la scène académique et culturelle dynamique de Bologne. Alors venez explorer et laissez-vous inspirer par le mélange unique de tradition, d'innovation et de créativité du district universitaire.

Portiques de Bologne

Les portiques de Bologne sont l'un des éléments les plus distinctifs de la ville, définissant son paysage architectural et contribuant à son charme unique. S'étendant sur plus de 40 kilomètres, ces passerelles couvertes forment un réseau de passages ombragés qui sillonnent le centre historique, offrant un abri contre les éléments et créant une sensation d'intimité et de chaleur. Avec leurs arches élégantes, leurs détails complexes et leur histoire vieille de plusieurs siècles, les portiques de Bologne sont non seulement pratiques et fonctionnels, mais aussi des symboles du riche patrimoine et de la beauté durable de la ville.

- **Histoire et origines :**

Les origines des portiques de Bologne remontent au Moyen Âge, lorsque la ville connut une période de croissance et d'expansion rapides. À mesure que la population augmentait et que le développement urbain s'intensifiait, l'espace à l'intérieur des murs de la ville devint rare, ce qui incita à la construction de bâtiments à plusieurs étages pour accueillir la population croissante. Pour maximiser l'espace de vie sans empiéter sur les rues étroites en contrebas, les constructeurs ont commencé à étendre les étages supérieurs des bâtiments vers l'extérieur, créant des passages couverts ou des portiques soutenus par des colonnes ou des piliers.

- **Caractéristiques architecturales :**

Les portiques de Bologne se caractérisent par leurs styles architecturaux divers, allant du simple et fonctionnel au plus orné et décoratif. Alors que certains portiques présentent des poutres en bois ou des arches en pierre, d'autres présentent des sculptures complexes, des détails sculpturaux et des plafonds ornés de fresques, reflétant les goûts artistiques et le savoir-faire de leurs époques respectives. De nombreux portiques sont ornés de symboles religieux, d'emblèmes familiaux et d'autres motifs, ajoutant à leur attrait visuel et à leur signification culturelle.

- **Pratique et fonctionnel :**

Dès leur création, les portiques de Bologne avaient un objectif pratique, offrant un abri du soleil, de la pluie et de la neige aux piétons, aux commerçants et aux résidents. Ils servaient également de galeries couvertes pour les magasins, les ateliers et les étals de marché, renforçant ainsi l'activité commerciale et le dynamisme urbain de la ville. Aujourd'hui, les portiques continuent de remplir leur fonction originale, offrant une protection contre les éléments et créant un environnement convivial pour les piétons qui encourage la marche et l'exploration.

☐ **Importance culturelle et symbolique :**

Les portiques de Bologne revêtent une profonde signification culturelle et symbolique pour la ville et ses habitants. Ils sont considérés comme un symbole de l'identité et du patrimoine de Bologne, représentant son engagement en faveur de l'urbanisme, de l'innovation architecturale et de la cohésion sociale. Les portiques ont également joué un rôle dans le façonnement de la vie culturelle de la ville, servant de lieux de rassemblement pour la socialisation, les activités de loisirs et les événements communautaires tout au long de l'histoire.

☐ **Préservation et conservation :**

Au fil des siècles, les portiques de Bologne ont été confrontés à des défis liés aux catastrophes naturelles, au développement urbain et à la négligence. Malgré ces défis, des efforts ont été déployés pour préserver et protéger ces structures historiques, reconnaissant leur valeur architecturale, culturelle et historique. Aujourd'hui, de nombreux portiques de la ville sont inscrits au patrimoine mondial de l'UNESCO, garantissant ainsi leur conservation et leur valorisation pour les générations futures.

☐ **Explorer les portiques :**

Explorer les portiques de Bologne est une expérience délicieuse qui permet aux visiteurs de se plonger dans la riche histoire et la splendeur architecturale de la ville. Promenez-vous dans les rues labyrinthiques du centre historique, en suivant les sentiers sinueux des portiques qui vous mèneront à travers des monuments anciens, des cours cachées et des places pittoresques. Prenez le temps d'admirer les détails complexes des portiques, de leurs chapiteaux sculptés à leurs colonnes en pierre patinée, et imaginez les histoires qu'ils pourraient raconter sur le passé de Bologne.

Les portiques de Bologne sont plus que de simples merveilles architecturales : ils sont des symboles de la résilience, de la créativité et du patrimoine culturel de la ville. En vous promenant sous leurs arches gracieuses, vous ne pouvez vous empêcher de ressentir un sentiment d'admiration et d'émerveillement devant le savoir-faire et l'ingéniosité qui ont présidé à leur construction. Qu'il s'agisse de chercher un abri contre la pluie, d'explorer des passages cachés ou simplement de s'émerveiller devant leur beauté, les portiques de Bologne offrent un aperçu du riche passé et de l'héritage durable de la ville.

Quartier de Santo Stefano

Le quartier de Santo Stefano, niché au cœur de Bologne, en Italie, est un charmant quartier chargé d'histoire, de spiritualité et de splendeur architecturale. Nommé d'après la basilique de Santo Stefano, l'un des monuments les plus emblématiques du quartier, Santo Stefano est un quartier pittoresque qui invite les visiteurs à explorer ses rues labyrinthiques, ses églises anciennes et ses cours cachées, offrant un aperçu du riche patrimoine culturel et des traditions religieuses de Bologne.

- **Aperçu du quartier de Santo Stefano :**

Le quartier de Santo Stefano comprend un ensemble de rues et de places entourant la basilique de Santo Stefano, également connue sous le nom de « complexe des sept églises » pour son ensemble de chapelles et de structures religieuses interconnectées. Ce quartier historique se caractérise par ses ruelles pavées étroites, son architecture médiévale et son atmosphère tranquille, ce qui en fait un refuge paisible loin du centre-ville animé.

☐ **Principales attractions et monuments :**

1. Basilique de Santo Stefano : Pièce maîtresse du quartier, la basilique de Santo Stefano est un ensemble architectural époustouflant comprenant sept églises et chapelles distinctes, chacune avec son histoire et sa signification uniques. Les visiteurs peuvent explorer le complexe labyrinthique, s'émerveiller devant ses fresques anciennes, ses cryptes et ses reliques sacrées, et s'imprégner de l'ambiance spirituelle de ce site sacré.

2. Piazza Santo Stefano : La charmante place devant la basilique, la Piazza Santo Stefano, est un lieu de rassemblement populaire pour les habitants et les visiteurs. Entourée de bâtiments historiques, de cafés et de boutiques d'artisans, la place est un endroit idéal pour se détendre, observer les gens et s'imprégner de l'atmosphère du quartier.

3. Musée de Santo Stefano : Installé dans l'ancien couvent adjacent à la basilique, le musée de Santo Stefano présente une fascinante collection d'objets religieux, d'œuvres d'art et de découvertes

archéologiques liées à l'histoire de la basilique et à son rôle dans la vie religieuse de Bologne.

4. Église de San Giovanni in Monte : Située à proximité, l'église de San Giovanni in Monte est un autre joyau architectural à visiter dans le quartier de Santo Stefano. Datant du XIe siècle, cette église romane présente une façade saisissante, des sculptures complexes et un jardin de cloître paisible.

5. Oratoire de Santa Cecilia : Niché dans un coin tranquille du quartier, l'Oratoire de Santa Cecilia est un joyau caché connu pour ses fresques exquises illustrant la vie de Sainte-Cécile, patronne de la musique. Les visiteurs peuvent admirer le travail au pinceau délicat et les couleurs vibrantes de ces œuvres d'art médiévales, qui ouvrent une fenêtre sur le patrimoine artistique de Bologne.

- **Importance historique et culturelle :**

Le quartier de Santo Stefano revêt une profonde importance historique et culturelle pour la ville de Bologne, remontant à l'Antiquité. La légende raconte que la basilique Santo Stefano a été construite sur le site d'un ancien temple dédié à la déesse Isis, ce qui en a fait un lieu de pèlerinage et de culte pendant des siècles. Au fil des siècles, le quartier a été un centre de dévotion religieuse, d'expression artistique et de vie communautaire, reflétant l'influence durable du christianisme et de l'Église catholique sur l'identité culturelle de Bologne.

- **Découvrir le quartier :**

Explorer le quartier de Santo Stefano, c'est comme remonter le temps jusqu'à la Bologne médiévale, avec ses rues étroites, ses passages cachés et ses bâtiments vieux de plusieurs siècles. Les visiteurs peuvent se promener dans les ruelles pavées et découvrir des cafés pittoresques, des ateliers d'artisans et des boutiques nichés dans les coins charmants du quartier. Prenez le temps d'admirer les détails architecturaux de la basilique, de sa façade ornée à ses fresques complexes et reliefs sculptés, et imaginez les histoires des pèlerins, des moines et des artisans qui parcouraient autrefois ces salles sacrées.

☐ **Délices culinaires :**

Aucune visite dans le quartier de Santo Stefano ne serait complète sans goûter à ses délices culinaires. Les visiteurs peuvent savourer la cuisine bolognaise traditionnelle dans les trattorias et osterias locales, en savourant de copieux plats de pâtes, des viandes savoureuses et des desserts décadents à base d'ingrédients locaux. Ne manquez pas l'occasion de déguster des spécialités régionales telles que les tortellini in brodo, les tagliatelles au ragù et la mortadelle, accompagnées d'un verre de vin local ou d'un spritz rafraîchissant.

Le quartier de Santo Stefano est un joyau caché qui attend d'être découvert par les visiteurs de Bologne. Avec sa riche histoire, sa beauté architecturale et sa signification spirituelle, ce quartier historique offre un aperçu captivant de l'âme de la ville. Qu'il s'agisse d'explorer l'ancienne basilique, de flâner sur ses places tranquilles ou de savourer ses délices culinaires, le quartier de Santo Stefano promet une expérience inoubliable qui laissera une impression durable à tous ceux qui la visitent.

CHAPITRE 4
PRINCIPALES ATTRACTIONS ET BUTS

Piazza Maggiore et la fontaine de Neptune

La Piazza Maggiore et la fontaine de Neptune sont des symboles emblématiques de la riche histoire, du patrimoine culturel et de la grandeur architecturale de Bologne. Nichée au cœur du centre-ville historique, la

Piazza Maggiore est une vaste place ouverte qui a servi de centre civique et social de Bologne pendant des siècles. La Fontaine de Neptune, magnifique chef-d'œuvre de la Renaissance du sculpteur Giambologna, occupe le devant de la scène sur la place, captivant les visiteurs par sa grandeur et sa beauté.

☐ **Vue d'ensemble de la Piazza Maggiore :**

La Piazza Maggiore est une place publique animée entourée d'arcades élégantes, de bâtiments historiques et de cafés animés. Nommée d'après le Palazzo del Podesta médiéval, qui se trouvait autrefois sur le site, la place est un point central de la vie civique de Bologne depuis le Moyen Âge. Aujourd'hui, la Piazza Maggiore reste un centre d'activité dynamique, accueillant des événements culturels, des marchés et des festivals tout au long de l'année.

☐ **Principales attractions :**

1. Palazzo d'Accursio : Le Palazzo d'Accursio, également connu sous le nom de Palazzo Comunale, domine un côté de la Piazza Maggiore avec son imposante façade et sa tour majestueuse. Ce bâtiment historique abrite les bureaux administratifs de la ville et

des musées, dont le Musée Morandi, dédié aux œuvres du célèbre artiste bolognais Giorgio Morandi.

2. Basilique de San Petronio : La basilique de San Petronio, l'une des plus grandes églises d'Italie, occupe une place importante sur le côté est de la Piazza Maggiore. Sa façade inachevée présente un mélange de styles architecturaux, du gothique à la Renaissance, tandis que son intérieur abrite de magnifiques œuvres d'art, notamment des fresques, des sculptures et des vitraux.

3. Palazzo dei Banchi : Adjacent à la basilique de San Petronio se dresse le Palazzo dei Banchi, un bâtiment historique orné d'arcs élégants et de motifs décoratifs. Construit à l'origine comme halle de marché au XVIe siècle, le palais abrite aujourd'hui des boutiques, des cafés et des institutions culturelles, ajoutant à l'atmosphère animée de la place.

☐ **La Fontaine de Neptune :**

Au centre de la Piazza Maggiore se dresse la fontaine de Neptune, une sculpture monumentale devenue l'un des monuments les plus emblématiques de Bologne. Commandée par les dirigeants de la ville au XVIe siècle pour célébrer la puissance maritime et la prospérité de Bologne, la fontaine représente le dieu romain de la mer Neptune émergeant triomphalement des vagues, flanqué de créatures marines, de nymphes et de chérubins.

- **Caractéristiques architecturales et artistiques :**

La Fontaine de Neptune est un chef-d'œuvre de la sculpture de la Renaissance, conçue par l'artiste flamand Giambologna et achevée par son assistant Tommaso Laureti. La sculpture est fabriquée en marbre de Carrare et présente des détails complexes et des poses dynamiques qui mettent en valeur le savoir-faire et le savoir-faire de Giambologna. La figure de Neptune, avec sa barbe fluide et son physique musclé, respire la puissance et l'autorité, tandis que les personnages environnants ajoutent de la profondeur et du mouvement à la composition.

- **Symbolisme et signification :**

La fontaine de Neptune symbolise le patrimoine maritime et la fierté civique de Bologne, reflétant le rôle de la ville en tant que centre d'échanges et de commerce dans l'Italie de la Renaissance. La statue de Neptune, avec son trident élevé, représente la domination de la ville sur les mers et sa capacité à surmonter l'adversité et les défis. La fontaine sert également de lieu de rassemblement pour les habitants et les visiteurs, offrant un répit loin de l'agitation de la place et une superbe toile de fond pour des photos et des selfies.

La Piazza Maggiore et la fontaine de Neptune sont de brillants exemples de la riche histoire, du patrimoine culturel et de l'excellence artistique de Bologne. Qu'ils admirent la grandeur de la basilique, explorent les palais historiques ou s'émerveillent devant la beauté de la fontaine, les visiteurs de la Piazza Maggiore seront certainement captivés par le charme et la splendeur intemporels de cette place emblématique. Le cœur battant de Bologne, la Piazza Maggiore et la fontaine de Neptune continuent d'inspirer et d'enchanter tous ceux qui visitent, offrant un aperçu du passé glorieux et du présent vibrant de la ville.

Deux tours (Due Torri) :

Se dressant fièrement sur l'horizon de Bologne, les Deux Tours (Due Torri) sont des symboles emblématiques du passé médiéval et de l'héritage architectural de la ville. Ces structures imposantes, nommées Torre degli Asinelli et Torre della Garisenda, ont captivé l'imagination des visiteurs pendant des siècles avec leur silhouette spectaculaire et leur riche histoire. De leurs origines en tant que symboles de pouvoir et de prestige à leur statut de monuments appréciés, les Deux Tours continuent d'enchanter et d'inspirer tous ceux qui les contemplent.

- **Meilleure attraction de Deux Tours (Due Torri) :**

L'attraction principale des Deux Tours est sans aucun doute leur vue imprenable sur Bologne et la campagne environnante. Les visiteurs peuvent monter les étroits escaliers en colimaçon de la Torre degli Asinelli, la plus haute des deux tours, pour atteindre le sommet et profiter d'une vue panoramique sur le paysage urbain en contrebas. De ce point de vue, vous pouvez voir les toits de tuiles rouges, les monuments historiques et les rues pittoresques qui définissent le charme unique de Bologne. L'expérience de contempler la ville depuis le sommet des Deux Tours est vraiment inoubliable et offre une perspective sans pareille.

- **Contexte historique:**

L'histoire des Deux Tours remonte au XIIe siècle, lorsque les familles nobles de Bologne rivalisaient pour construire les tours les plus hautes et les plus imposantes, symboles de leur richesse et de leur pouvoir. La Torre degli Asinelli, mesurant environ 97 mètres, a été construite par la famille Asinelli entre 1109 et 1119, tandis que la Torre della Garisenda, atteignant une hauteur d'environ 48 mètres, a été construite par la famille Garisenda à peu près à la même époque. Au fil des siècles, les tours ont résisté aux guerres, aux tremblements de terre et à d'autres défis, mais elles restent des symboles durables du patrimoine médiéval de Bologne.

- **Horaires d'ouverture et frais d'entrée :**

Les Deux Tours sont ouvertes aux visiteurs toute l'année, avec des horaires d'ouverture variables selon la saison. Généralement, ils sont ouverts du matin jusqu'en début de soirée, mais il est conseillé de consulter le site officiel ou les informations touristiques locales pour obtenir les informations les plus récentes. Des frais d'entrée s'appliquent généralement pour l'escalade de la Torre degli Asinelli, avec des tarifs réduits disponibles pour les étudiants, les personnes âgées et les enfants. Les billets peuvent être achetés sur place ou à l'avance en ligne.

- **Adresse et emplacement physique :**

Les Deux Tours sont situées dans le centre historique de Bologne, près de l'intersection de la Via Rizzoli et de la Via Zamboni. L'adresse de la Torre degli Asinelli est la Piazza di Porta Ravegnana, tandis que la Torre della Garisenda se trouve à proximité, sur la Via Altabella.

S'y rendre :

Les Deux Tours sont facilement accessibles à pied depuis la plupart des quartiers du centre historique de Bologne. Les visiteurs peuvent également y accéder par les transports en commun, avec plusieurs arrêts de bus et stations de taxis situés à proximité. Pour ceux qui arrivent en voiture, le stationnement est disponible dans différents parkings à proximité, bien qu'il soit recommandé d'utiliser les transports en commun en raison du nombre limité de places de stationnement dans le centre-ville.

Pourquoi les touristes visitent :

Les touristes affluent vers les Deux Tours pour leur importance historique, leur beauté architecturale et leurs vues panoramiques sur Bologne. L'ascension de la Torre degli Asinelli est une expérience incontournable pour les visiteurs en quête d'aventure et de vues à couper le souffle, tandis que les environs offrent de nombreuses possibilités de visites touristiques, de shopping et de restauration.

☐ **Activités extérieures:**

En plus d'escalader les tours, les visiteurs peuvent explorer les charmantes rues et places du centre historique, se promener le long des remparts de la ville voisine ou profiter d'un pique-nique tranquille dans l'un des parcs ou jardins. Les Deux Tours servent également de point de départ pour des visites guidées à pied, des balades à vélo et d'autres activités de plein air qui mettent en valeur la beauté et la culture de Bologne.

☐ **Conseils de pro, à ne pas manquer :**

1. Arrivée anticipée : arrivez tôt le matin pour éviter les foules et les longues attentes pour monter dans les tours, en particulier pendant les hautes saisons touristiques.

2. Chaussures confortables : Portez des chaussures confortables adaptées pour monter des escaliers étroits et marcher sur des surfaces inégales.

3. Appareil photo : N'oubliez pas d'apporter un appareil photo ou un smartphone pour capturer la vue imprenable depuis le sommet des tours.

4. Visites guidées : envisagez de participer à une visite guidée pour en savoir plus sur l'histoire et l'importance des Deux Tours grâce à des guides locaux compétents.

5. Visitez les attractions à proximité: Pendant votre séjour dans la région, assurez-vous d'explorer d'autres attractions à proximité telles que la Piazza Maggiore, la basilique de San Petronio et l'Archiginnasio.

Les Deux Tours (Due Torri) offrent un aperçu du passé médiéval de Bologne et offrent aux visiteurs une occasion unique de découvrir la ville d'un point de vue élevé. Avec leur riche histoire, leur beauté architecturale et leurs vues panoramiques, les Deux Tours continuent de captiver et d'inspirer tous ceux qui les visitent, ce qui en fait une destination incontournable pour les voyageurs se rendant à Bologne.

Basilique de San Petronio

Dominant le côté est de la Piazza Maggiore, la basilique San Petronio est un magnifique témoignage de la dévotion religieuse, des prouesses architecturales et du patrimoine culturel de Bologne. Nommée d'après le saint patron de la ville, Saint Pétrone, cette basilique impressionnante est l'une des plus grandes églises d'Italie et constitue un symbole de la foi durable et de l'importance spirituelle de Bologne. Avec sa façade grandiose, son intérieur majestueux et ses riches trésors artistiques, la basilique San Petronio continue de captiver et d'inspirer les visiteurs du monde entier.

☐ **Contexte historique:**

L'histoire de la basilique San Petronio remonte à la fin du XIVe siècle, lorsque la construction commença sous le patronage du gouvernement bolognais et de ses citoyens. La basilique a été conçue comme un hommage monumental à Saint Pétrone, l'évêque de Bologne du Ve siècle, et était destinée à rivaliser avec la grandeur des grandes cathédrales d'Europe. Malgré de nombreux revers et interruptions au fil des siècles, notamment des difficultés financières, des conflits politiques et des conflits architecturaux, la basilique a progressivement pris forme et est devenue un symbole durable de l'identité religieuse et culturelle de Bologne.

☐ **Caractéristiques architecturales :**

La basilique de San Petronio est un chef-d'œuvre de l'architecture gothique, caractérisée par ses arcs élancés, ses voûtes d'ogives et ses détails sculpturaux complexes. La façade de la basilique, bien que laissée inachevée, est ornée de superbes reliefs en marbre, de statues et d'éléments décoratifs qui reflètent les styles artistiques de la Renaissance et du baroque. À l'intérieur, les visiteurs sont accueillis par une vaste nef bordée de chapelles, d'autels et d'œuvres d'art monumentales, notamment des fresques, des peintures et des sculptures d'artistes de renom tels que Giovanni da Modena, Jacopo della Quercia et Lorenzo Costa.

- **Principales attractions :**

1. Ligne méridienne : L'une des caractéristiques les plus fascinantes de la basilique de San Petronio est la ligne méridienne, un cadran solaire monumental situé sur le sol de la nef. Conçue par l'astronome Giovanni Domenico Cassini au XVIIe siècle, la ligne méridienne trace la trajectoire du soleil dans le ciel et sert de calendrier céleste, marquant le passage du temps et les changements de saisons avec une précision remarquable.

2. Chapelles et autels : La basilique abrite de nombreuses chapelles et autels dédiés à divers saints, ordres religieux et familles nobles de Bologne. Chaque chapelle possède ses propres caractéristiques architecturales et artistiques uniques, notamment des sculptures complexes, des fresques colorées et des retables élaborés, offrant aux visiteurs un aperçu de la dévotion religieuse et du mécénat culturel qui ont

prospéré à Bologne pendant les périodes de la Renaissance et du baroque.

☐ **Informations de visite :**

1. Heures d'ouverture : La basilique de San Petronio est généralement ouverte aux visiteurs tous les jours, avec des heures d'ouverture variables pour la messe, les services de prière et les visites touristiques. Il est conseillé de consulter le site Web officiel ou les informations touristiques locales pour obtenir les informations les plus récentes sur les heures d'ouverture et les événements spéciaux.

2. Frais d'admission : L'entrée à la basilique est gratuite, bien que les dons soient les bienvenus et encouragés pour soutenir les efforts d'entretien et de restauration en cours.

3. Adresse : Piazza Maggiore, 40124 Bologne BO, Italie

4. Emplacement physique : Située dans le centre historique de Bologne, la basilique San Petronio est facilement accessible à pied depuis la plupart des quartiers de la ville. Des options de transports en commun, notamment des bus et des taxis, sont

également disponibles pour ceux qui voyagent depuis d'autres quartiers de Bologne.

- **Pourquoi les touristes visitent :**

Les touristes visitent la basilique de San Petronio pour s'émerveiller de son architecture impressionnante, de ses riches trésors artistiques et de sa signification spirituelle. Qu'il s'agisse d'admirer la grandeur de la nef, d'explorer les chapelles et les autels ou de contempler les mystères célestes de la ligne méridienne, les visiteurs seront assurément captivés par la beauté et la splendeur de cette basilique historique.

- **Activités extérieures:**

En plus d'explorer l'intérieur de la basilique, les visiteurs peuvent profiter de promenades tranquilles autour de la Piazza Maggiore, s'imprégnant de l'atmosphère du centre-ville animé de Bologne. Les attractions à proximité, notamment les Deux Tours, le Palazzo d'Accursio et le Musée Morandi, offrent d'autres possibilités de visites touristiques et d'enrichissement culturel.

☐ **Conseils de pro, à ne pas manquer :**

1. Visites guidées : envisagez de participer à une visite guidée de la basilique pour en apprendre davantage sur son histoire, son architecture et ses trésors artistiques grâce à des guides locaux compétents.

2. Photographie : apportez un appareil photo ou un smartphone pour capturer la magnifique architecture et les détails artistiques de la basilique, mais n'oubliez pas de respecter les services et cérémonies religieuses.

3. Réflexion tranquille : prenez un moment pour faire une pause et réfléchir à l'ambiance tranquille de la basilique, vous permettant ainsi d'apprécier sa signification spirituelle et son héritage culturel.

4. Ligne méridienne : Ne manquez pas l'occasion d'observer la ligne méridienne et de découvrir sa fascinante signification astronomique et scientifique, ainsi que son rôle dans la célébration de dates et d'événements importants dans l'histoire de Bologne.

La basilique San Petronio est un symbole intemporel de foi, d'art et de patrimoine culturel au cœur de Bologne. Qu'il s'agisse d'admirer son architecture majestueuse, d'explorer ses riches trésors artistiques ou de contempler sa signification spirituelle, les visiteurs seront assurément inspirés par la beauté et la grandeur de cette basilique historique.

Archiginnasio de Bologne

Niché au cœur du centre historique de Bologne, l'Archiginnasio est un magnifique joyau architectural qui témoigne du riche patrimoine culturel et intellectuel de la ville. Construit au XVIe siècle comme siège principal de l'Université de Bologne, l'Archiginnasio est réputé pour son architecture Renaissance exquise, ses intérieurs opulents et son importance historique. Aujourd'hui, il sert de centre culturel et éducatif, abritant la célèbre bibliothèque municipale Archiginnasio et accueillant une variété d'événements culturels, d'expositions et de spectacles.

- **Contexte historique:**

L'histoire de l'Archiginnasio remonte au XVIe siècle, lorsqu'il fut commandé par le cardinal légat pontifical Carlo Borromeo pour servir de bâtiment administratif et académique central de l'Université de Bologne, l'une des plus anciennes universités du monde. La construction a commencé en 1562 sous la direction de l'architecte Antonio Morandi, également connu sous le nom de Terribilia, et s'est achevée en 1563. Au fil des siècles, l'Archiginnasio a joué un rôle central dans la vie intellectuelle et culturelle de Bologne, servant de centre aux érudits, étudiants et intellectuels du monde entier.

- **Caractéristiques architecturales :**

L'Archiginnasio est réputé pour son superbe architecture Renaissance, caractérisée par ses élégantes arcades, ses colonnes ornées et ses intérieurs en bois finement sculptés. Le point culminant du bâtiment est le majestueux Teatro Anatomico, ou Théâtre Anatomique, un amphithéâtre circulaire orné de boiseries élaborées, de fresques et de sculptures représentant le corps humain. Ce lieu historique était utilisé pour des conférences et des dissections anatomiques à la Renaissance et reste un témoignage fascinant de l'histoire de l'enseignement médical à Bologne.

- **Principales attractions :**

1. Teatro Anatomico : Le Teatro Anatomico est le joyau de l'Archiginnasio, offrant aux visiteurs un aperçu du monde de la médecine et de l'anatomie de la Renaissance. L'amphithéâtre comprend des gradins, une table de dissection centrale et un superbe auvent en bois orné de figures allégoriques et de motifs anatomiques. Les visites guidées du Teatro Anatomico donnent un aperçu de son histoire et de son importance, permettant aux visiteurs de découvrir l'atmosphère d'une leçon d'anatomie du XVIe siècle.

2. Bibliothèque municipale d'Archiginnasio : L'Archiginnasio abrite la bibliothèque municipale

d'Archiginnasio, qui abrite une vaste collection de livres rares, de manuscrits et de documents historiques remontant au Moyen Âge. Les visiteurs peuvent explorer les vastes fonds de la bibliothèque, notamment les œuvres d'érudits, de poètes et de philosophes bolognais, et s'émerveiller devant ses magnifiques salles de lecture et ses espaces d'étude.

☐ **Informations de visite :**

1. Heures d'ouverture : L'Archiginnasio est généralement ouvert aux visiteurs pendant les heures normales de bureau, avec des expositions spéciales et des événements organisés tout au long de l'année. Il est conseillé de consulter le site officiel ou de contacter directement le lieu pour obtenir les informations les plus récentes sur les heures d'ouverture et les événements spéciaux.

2. Frais d'entrée : L'entrée à l'Archiginnasio peut être gratuite ou nécessiter des frais nominaux, en fonction des expositions et des événements ayant lieu au moment de la visite. Les visites guidées du Teatro Anatomico peuvent entraîner des frais supplémentaires.

3. Adresse : Piazza Galvani, 1, 40124 Bologne BO, Italie

4. Emplacement physique : L'Archiginnasio est situé dans le centre historique de Bologne, près de la Piazza Maggiore et des Deux Tours. Il est facilement accessible à pied depuis la plupart des quartiers de la ville, avec des transports en commun disponibles à proximité.

- **Pourquoi les touristes visitent :**

Les touristes visitent l'Archiginnasio pour admirer son architecture époustouflante, explorer son riche patrimoine culturel et découvrir son rôle important dans l'histoire de Bologne et de l'Université de Bologne. Le Teatro Anatomico, en particulier, offre une expérience unique et immersive qui transporte les visiteurs dans le temps, à l'apogée de l'apprentissage et de la découverte de la Renaissance.

- **Conseils de pro, à ne pas manquer :**

1. Visites guidées : profitez des visites guidées de l'Archiginnasio et du Teatro Anatomico pour mieux comprendre leur histoire et leur signification.

2. Expositions de la bibliothèque : découvrez les expositions spéciales et les événements de la bibliothèque municipale d'Archiginnasio, qui présentent des livres rares, des manuscrits et des objets du patrimoine culturel de Bologne.

3. Photographie : capturez la beauté et la grandeur de l'architecture et des intérieurs de l'Archiginnasio, mais soyez attentif aux restrictions photographiques dans certaines zones.

4. Événements culturels : gardez un œil sur les événements culturels, les conférences et les spectacles organisés à l'Archiginnasio tout au long de l'année, qui offrent des opportunités d'exploration et d'enrichissement plus approfondis.

L'Archiginnasio de Bologne est un trésor d'histoire, de culture et de splendeur architecturale qui continue d'enchanter et d'inspirer les visiteurs du monde entier. Qu'il s'agisse d'explorer ses magnifiques intérieurs, de s'émerveiller devant ses objets historiques ou d'assister à des événements culturels, les visiteurs seront assurément captivés par le charme intemporel et l'importance de ce monument historique.

CHAPITRE 5
EXPÉRIENCES CULTURELLES

Musées et galeries d'art

Bologne, ville chargée d'histoire, de culture et de patrimoine artistique, possède un riche éventail de musées et de galeries d'art qui offrent aux visiteurs un voyage captivant à travers les siècles. Des objets archéologiques anciens aux chefs-d'œuvre contemporains, les musées et galeries de Bologne présentent la tapisserie culturelle dynamique de la ville et donnent un aperçu de son passé, de son présent et de son avenir fascinants. Que vous soyez passionné d'histoire, passionné d'art ou simplement curieux du riche patrimoine de Bologne, il y a quelque chose à découvrir pour chacun dans ses diverses institutions culturelles.

- **Le Musée Archéologique de Bologne :**

L'une des principales institutions culturelles de la ville, le musée archéologique de Bologne (Museo Civico Archeologico) offre aux visiteurs un aperçu fascinant de l'histoire ancienne de la région. Installée dans l'historique Palazzo Galvani, la vaste collection du musée s'étend sur des milliers d'années, depuis des artefacts préhistoriques jusqu'aux ruines romaines et aux trésors étrusques. Les points forts incluent la célèbre sculpture « La Gaule mourante », un superbe chef-d'œuvre en marbre remontant à la période hellénistique, ainsi qu'une multitude de découvertes archéologiques provenant de fouilles menées dans toute l'Émilie-Romagne.

- **La Galerie Nationale d'Art de Bologne :**

Pour les amateurs d'art, la Galerie nationale d'art de Bologne (Pinacoteca Nazionale di Bologna) est une destination incontournable qui met en valeur le riche patrimoine artistique de la ville et de ses environs. Installée dans le Palazzo dei Governatori, la collection du musée s'étend du Moyen Âge au XIXe siècle et présente des œuvres de certains des plus grands artistes italiens, notamment Giotto, Raphaël, Titien et Caravage. Les visiteurs peuvent admirer des chefs-d'œuvre de la Renaissance italienne et de l'art baroque, des icônes religieuses et retables aux portraits et paysages profanes, offrant un aperçu complet de l'héritage artistique de Bologne.

☐ **Le Musée d'Art Moderne de Bologne (MAMbo) :**

Pour ceux qui ont un penchant pour l'art contemporain, le Musée d'Art Moderne de Bologne (Museo d'Arte Moderna di Bologna), connu sous le nom de MAMbo, est un centre culturel dynamique qui célèbre la créativité vibrante des XXe et XXIe siècles. Installé dans un ancien complexe industriel, MAMbo présente une gamme diversifiée d'œuvres d'art contemporaines, notamment des peintures, des sculptures, des installations et des projets multimédias, réalisés par des artistes établis et émergents. Avec ses expositions tournantes, ses événements spéciaux et ses programmes éducatifs, MAMbo offre aux visiteurs une expérience immersive et stimulante qui reflète le paysage en constante évolution de l'art contemporain.

☐ **Le Musée de l'Histoire de Bologne :**

Pour une compréhension plus approfondie du riche patrimoine historique de Bologne, le Musée d'histoire de Bologne (Museo della Storia di Bologna) offre un aperçu complet du passé de la ville, de ses origines antiques à nos jours. Installé dans le Palazzo Pepoli, un palais historique au cœur du centre-ville, le musée retrace l'évolution du paysage politique, social et culturel de Bologne à travers des expositions interactives, des installations multimédias et des documents d'archives. Les visiteurs peuvent explorer des sujets allant des guildes médiévales et de l'humanisme de la Renaissance au développement urbain moderne, obtenant ainsi un aperçu des forces qui ont façonné l'identité de Bologne au fil des siècles.

- **Le Musée de la Ville de Bologne (Musée Civique Médiéval) :**

Pour un voyage dans le temps jusqu'à la période médiévale, le musée de la ville de Bologne (Museo Civico Medievale) propose une exploration captivante du patrimoine médiéval et des trésors artistiques de la ville. Installée dans le Palazzo Ghisilardi-Fava, un palais historique près de la Piazza Maggiore, la collection du musée comprend des sculptures, des peintures, des textiles et des arts décoratifs médiévaux, offrant un portrait vivant de la vie quotidienne, des croyances religieuses et des pratiques culturelles de la Bologne médiévale. Les points forts incluent la célèbre « Lamentation sur le Christ mort » de Niccolò dell'Arca, un puissant chef-d'œuvre de la sculpture de la Renaissance qui capture l'intensité émotionnelle du chagrin et du deuil.

- **Le Musée International et Bibliothèque de la Musique :**

Pour les amateurs de musique, le Musée international et bibliothèque de musique (Museo Internazionale e Biblioteca della Musica) propose un voyage harmonieux à travers l'histoire de la musique et des instruments de musique. Installée dans le Palazzo Sanguinetti, un bâtiment historique du centre-ville, la collection du musée comprend des manuscrits rares, des partitions, des instruments et des souvenirs liés aux compositeurs, interprètes et traditions musicales du monde entier. Les visiteurs peuvent explorer des expositions interactives, assister à des concerts et des récitals et participer à des ateliers éducatifs qui célèbrent le langage universel de la musique et son impact durable sur la société.

- **Le Musée d'Art Contemporain de Bologne (Museo d'Arte Contemporanea di Bologna - MAMbo) :**

Pour ceux qui s'intéressent à l'art contemporain, le Musée d'art contemporain de Bologne (Museo d'Arte Contemporanea di Bologna - MAMbo) est une destination culturelle dynamique qui met en valeur la créativité de pointe des artistes d'aujourd'hui. Installé dans un ancien espace industriel, MAMbo présente une gamme diversifiée d'œuvres d'art contemporaines, notamment des peintures, des sculptures, des installations et des projets multimédias, réalisés par des artistes établis et émergents. Avec ses expositions tournantes, ses performances et ses programmes éducatifs, le MAMbo offre aux visiteurs une expérience dynamique et immersive qui reflète la diversité et l'innovation de l'art contemporain.

- **La Foire du livre jeunesse de Bologne (Salon du livre jeunesse) :**

Pour les familles et les jeunes lecteurs, la Foire du livre jeunesse de Bologne (Fiera del Libro per Ragazzi) est un événement magique qui célèbre le monde de la littérature et de l'illustration jeunesse. Organisée chaque année au parc des expositions de Bologne, la foire rassemble des éditeurs, des auteurs, des illustrateurs et des lecteurs du monde entier pour présenter les dernières tendances en matière de livres et de médias pour enfants. Les visiteurs peuvent explorer des expositions, assister à des ateliers et séminaires et rencontrer leurs auteurs et illustrateurs préférés, ce qui en fait une expérience mémorable et enrichissante pour les lecteurs de tous âges.

Les musées et galeries d'art de Bologne offrent aux visiteurs un voyage captivant à travers le riche patrimoine culturel, l'héritage artistique et la vitalité intellectuelle de la ville. Qu'il s'agisse d'explorer des objets anciens, d'admirer des chefs-d'œuvre de la Renaissance ou de s'intéresser à l'art contemporain, les visiteurs seront assurément inspirés par la diversité et la profondeur de l'offre culturelle de Bologne. Avec sa richesse en institutions culturelles, ses monuments historiques et sa scène culturelle dynamique, Bologne est une ville qui continue de captiver et d'enchanter les visiteurs du monde entier, les invitant à découvrir ses trésors intemporels et son esprit dynamique de créativité et d'innovation.

Représentations d'opéra et de théâtre

Bologne, réputée pour son riche patrimoine culturel et sa scène artistique dynamique, offre aux visiteurs une multitude d'occasions de découvrir la magie des représentations d'opéra et de théâtre. Des opéras historiques aux théâtres contemporains, la ville dispose d'un large éventail de lieux présentant des productions de classe mondiale, allant des opéras et ballets classiques au théâtre de pointe et aux spectacles expérimentaux. Que vous soyez un amateur de théâtre chevronné ou un nouveau venu dans le monde de l'opéra, le paysage culturel dynamique de Bologne a de quoi plaire à tous.

☐ **Opéras historiques :**

Bologne abrite plusieurs opéras historiques qui jouent un rôle central dans la vie culturelle de la ville depuis des siècles. Le Teatro Comunale di Bologna, fondé en 1763, est l'un des opéras les plus anciens et les plus prestigieux d'Italie, réputé pour son architecture élégante, sa superbe acoustique et ses productions exceptionnelles. Les visiteurs peuvent profiter tout au long de l'année d'un programme varié de spectacles d'opéra, de ballet et de musique classique, mettant en vedette des artistes de haut niveau et des artistes invités internationaux.

☐ **Théâtres contemporains :**

En plus de ses opéras historiques, Bologne possède une gamme dynamique de théâtres et d'espaces de spectacle contemporains qui répondent à un large éventail de goûts et de sensibilités artistiques. Le Teatro Arena del Sole, situé au cœur de la ville, est un théâtre moderne connu pour sa programmation innovante et ses productions avant-gardistes. Du théâtre expérimental et de la danse contemporaine aux performances multimédias et aux collaborations interdisciplinaires, l'Arena del Sole propose une programmation diversifiée et éclectique qui repousse les limites du théâtre traditionnel.

☐ **Compagnies et ensembles d'opéra :**

Bologne abrite également plusieurs compagnies et ensembles d'opéra réputés qui produisent des productions de haute qualité d'opéras classiques, ainsi que des œuvres nouvelles et expérimentales. L'Opéra de Bologne, fondé en 1678, est l'une des plus anciennes compagnies d'opéra d'Italie et continue de ravir le public avec son riche répertoire de chefs-d'œuvre de l'opéra. D'autres ensembles renommés, tels que l'Orchestre Symphonique de Bologne et le Chœur de l'Opéra de Bologne, collaborent avec les opéras et les théâtres de la ville pour offrir des spectacles de classe mondiale au public de Bologne et d'ailleurs.

- **Événements spéciaux et festivals :**

Tout au long de l'année, Bologne accueille une variété d'événements spéciaux et de festivals qui célèbrent les arts du spectacle et mettent en valeur les talents d'artistes locaux et internationaux. Le Festival de Bologne, organisé chaque année en été, propose un programme diversifié de spectacles d'opéra, de théâtre, de danse et de musique dans des lieux de la ville, attirant un public d'ici et d'ailleurs. D'autres événements notables, tels que le Festival de théâtre de Bologne et le Festival de danse de Bologne, offrent l'occasion d'assister à des spectacles de pointe et de s'impliquer dans la scène culturelle dynamique de la ville.

- **Informations sur les billets et accessibilité :**

Les billets pour les représentations d'opéra et de théâtre à Bologne peuvent être achetés en ligne, aux billetteries ou auprès de vendeurs de billets agréés. Les prix varient en fonction du lieu, de la production et de l'emplacement des sièges, avec des réductions disponibles pour les étudiants, les seniors et les groupes. De nombreux théâtres proposent des options de sièges accessibles aux clients handicapés et répondent à leurs demandes. Il est conseillé de réserver vos billets à l'avance, en particulier pour les productions populaires et les événements spéciaux, afin de garantir la disponibilité et de garantir une place privilégiée.

La scène lyrique et théâtrale de Bologne offre une riche mosaïque d'expériences culturelles qui captivent et inspirent les publics de tous âges et de tous intérêts. Qu'il s'agisse d'assister à un opéra classique dans un opéra historique, de découvrir un théâtre de pointe dans un lieu contemporain ou de participer à un événement spécial ou à un festival, les visiteurs de Bologne seront assurément enchantés par la scène dynamique des arts du spectacle de la ville. Avec ses productions de classe mondiale, ses ensembles renommés et ses événements culturels dynamiques, Bologne continue de briller en tant que capitale culturelle et paradis pour les amateurs d'opéra et de théâtre.

Visites culinaires et cours de cuisine

Bologne, souvent saluée comme la capitale culinaire de l'Italie, offre aux visiteurs une gamme délicieuse d'expériences culinaires, allant de plats appétissants à des cours de cuisine immersifs et des visites culinaires. Avec son riche patrimoine gastronomique, ses marchés animés et ses traditions culinaires renommées, la ville offre un régal pour les sens et une occasion unique d'explorer les saveurs de l'Émilie-Romagne. Que vous soyez un fin gourmet ou simplement curieux de la cuisine italienne, les visites culinaires et les cours de cuisine de Bologne offrent un voyage délicieusement mémorable au cœur de la gastronomie italienne.

☐ **Visites du marché et dégustations :**

L'une des meilleures façons de découvrir la scène culinaire de Bologne consiste à participer à une visite guidée du marché et à une dégustation. Dirigées par des guides locaux compétents, ces visites emmènent les visiteurs dans les marchés animés de la ville, tels que le Mercato di Mezzo et le Mercato delle Erbe, où ils peuvent déguster des produits frais, des fromages artisanaux, des charcuteries et d'autres spécialités locales. En cours de route, les participants découvrent les traditions culinaires, les ingrédients et les techniques de cuisson de la région, acquérant ainsi un aperçu de la riche tapisserie de saveurs qui définissent la cuisine émilienne.

☐ **Ateliers de fabrication de pâtes :**

Aucune visite à Bologne ne serait complète sans l'apprentissage de l'art de la fabrication des pâtes auprès d'experts. Les ateliers de fabrication de pâtes, animés par des chefs et artisans de pâtes qualifiés, offrent des expériences pratiques qui enseignent aux participants comment préparer d'authentiques pâtes italiennes à partir de zéro. De l'étalage de la pâte au façonnage des tortellinis et des tagliatelles, les participants apprennent les secrets des techniques traditionnelles de fabrication des pâtes transmises de génération en génération. Après l'atelier, les participants ont la possibilité de savourer leurs créations avec un délicieux déjeuner ou dîner de pâtes accompagné de vins locaux.

- **Classes de cuisine:**

Pour ceux qui souhaitent approfondir leur connaissance de la cuisine italienne, les cours de cuisine offrent une introduction complète aux saveurs et aux techniques de la cuisine émilienne. Dirigés par des chefs expérimentés dans des cuisines professionnelles, les cours de cuisine couvrent une gamme de sujets, des plats classiques comme le ragù alla bolognaise et les tortellini en brodo aux spécialités régionales comme la fritte de croissant et la zuppa inglese. Les participants apprennent les compétences culinaires essentielles, les techniques de couteau et la présentation des assiettes, ainsi que des conseils pour sélectionner les meilleurs ingrédients et maîtriser l'art de la cuisine italienne.

☐ **Expériences de dégustation de vins :**

Aucune visite culinaire de Bologne ne serait complète sans une dégustation des vins de renommée mondiale de la région. Les expériences de dégustation de vins offrent aux participants la possibilité de déguster une variété de vins locaux, notamment les célèbres vins rouges de la région Émilie-Romagne, tels que le Lambrusco et le Sangiovese. Dirigées par des sommeliers ou des œnologues expérimentés, ces dégustations mettent en valeur la diversité et la qualité des vins émiliens, donnant un aperçu des traditions viticoles, du terroir et des cépages de la région.

☐ **Excursions de chasse aux truffes :**

Pour une aventure culinaire vraiment inoubliable, les excursions de chasse aux truffes offrent aux participants la possibilité de rechercher des truffes noires et blanches prisées dans la campagne pittoresque entourant Bologne. Dirigées par des chasseurs de truffes experts et leurs chiens dressés, ces excursions emmènent les participants dans une randonnée guidée à travers des collines et des vallées boisées à la recherche de ces trésors culinaires insaisissables. Après la chasse, les participants profitent d'un déjeuner ou d'un dîner sur le thème de la truffe, composé de plats à base de truffes fraîchement récoltées, accompagnés de vins locaux et de plats traditionnels émiliens.

- **Visites à pied gastronomiques et œnologiques :**

Les visites gastronomiques et œnologiques offrent une exploration tranquille des hauts lieux culinaires, des monuments historiques et des joyaux cachés de Bologne. Dirigées par des guides locaux passionnés, ces visites emmènent les participants dans un voyage culinaire à travers les charmantes rues et ruelles de la ville, en s'arrêtant dans des restaurants, trattorias et bars à vin locaux pour déguster une gamme de plats traditionnels et de vins régionaux. En chemin, les participants découvrent l'histoire culinaire de Bologne, ses traditions culinaires et les histoires qui se cachent derrière ses plats et délices les plus appréciés.

les visites culinaires et les cours de cuisine à Bologne offrent aux visiteurs une immersion alléchante dans les saveurs, les arômes et les traditions de la cuisine italienne. Des visites de marchés aux ateliers de fabrication de pâtes en passant par les cours de cuisine et les dégustations de vins, l'offre culinaire de Bologne offre un avant-goût délicieusement authentique du riche patrimoine gastronomique de l'Émilie-Romagne. Qu'il s'agisse d'explorer des marchés animés, de rouler de la pâte à pâtes ou de savourer des vins locaux, les participants sont sûrs de créer des souvenirs inoubliables et d'approfondir leur appréciation des délices culinaires de Bologne.

CHAPITRE 6
RESTAURER ET VIE NOCTURNE

Cuisine bolognaise traditionnelle

Bologne, le cœur culinaire de la région italienne d'Émilie-Romagne, est réputée pour son riche patrimoine gastronomique et sa cuisine bolognaise traditionnelle. En mettant l'accent sur les ingrédients frais de saison, les sauces mijotées et les pâtes faites à la main, la cuisine bolognaise incarne l'essence de la cuisine italienne : simplicité, authenticité et un profond respect pour la tradition. Des plats emblématiques comme les tagliatelles al ragù aux spécialités moins connues comme les tortellini en brodo, les saveurs traditionnelles de Bologne offrent un voyage délicieusement satisfaisant au cœur de la tradition culinaire italienne.

1. Tagliatelles au ragù :

Aucune discussion sur la cuisine bolognaise traditionnelle ne serait complète sans mentionner les tagliatelles al ragù, souvent appelées simplement « sauce bolognaise » en dehors de l'Italie. Ce plat emblématique comprend des rubans plats de pâtes fraîches mélangés à une riche sauce à la viande à base de bœuf ou de porc haché, de tomates, d'oignons, de carottes, de céleri et d'un soupçon de vin rouge. Le secret d'une tagliatelle al ragù vraiment authentique réside dans le processus de cuisson lent et mijoté, qui permet aux saveurs de se fondre et à la sauce de développer sa profondeur et sa complexité caractéristiques. Servies avec un généreux saupoudrage de fromage Parmigiano-Reggiano fraîchement râpé, les tagliatelles al ragù sont un classique bien-aimé qui incarne la simplicité émouvante de la cuisine bolognaise.

2. Tortellini au bouillon :

Un autre plat emblématique de la cuisine bolognaise est les tortellini en brodo, de délicates parcelles de pâtes remplies d'un savoureux mélange de viande, de fromage et d'épices, servies dans un bouillon savoureux. La légende raconte que les tortellini ont été inspirés par le nombril de Vénus et que leur forme complexe a été perfectionnée au fil des siècles par des artisans qualifiés de Bologne. Qu'ils soient appréciés comme soupe d'hiver réconfortante ou comme plat festif des fêtes, les tortellini en brodo mettent en valeur le talent artistique et le savoir-faire des fabricants de pâtes bolognaises et la chaleur réconfortante du bouillon fait maison.

3. Lasagne bolognaise :

La lasagne bolognaise est un plat copieux et gourmand composé de feuilles de pâtes fraîches avec une sauce bolognaise, une sauce béchamel crémeuse et du fromage Parmigiano-Reggiano râpé, créant une symphonie de saveurs et de textures à la fois réconfortantes et satisfaisantes. Chaque couche de pâtes est généreusement enrobée de sauce, permettant aux saveurs de se mélanger pendant que les lasagnes cuisent à la perfection au four. Servies chaudes et bouillonnantes, les lasagnes bolognaises sont un favori intemporel qui ravira à coup sûr les convives de tous âges.

4. Croissantin frit :

Les croissants fritte, également connus sous le nom de gnocco fritto, sont de petits carrés de pâte frite qui accompagnent très bien les plats bolognais. Légère et aérée à l'intérieur avec un extérieur croustillant et doré, la fritte en croissant est généralement servie chaude avec des charcuteries, des fromages et des légumes marinés, créant un plateau d'antipasti rustique et satisfaisant connu sous le nom de tigelle. Qu'il soit apprécié comme collation salée ou comme apéritif copieux, le beignet en forme de croissant est un élément essentiel de la tradition culinaire bolognaise.

5. Mortadelle :

Aucune exploration de la cuisine bolognaise ne serait complète sans mentionner la mortadelle, la charcuterie la plus célèbre de la ville. Fabriquée à partir de porc finement haché, aromatisée aux épices et parsemée de cubes de graisse, la mortadelle est connue pour sa saveur distinctive et sa texture crémeuse. Tranchée finement et servie sur du pain croustillant ou sur un plateau de charcuterie, la mortadelle est un incontournable de la scène culinaire de Bologne et un témoignage de la tradition séculaire de production alimentaire artisanale de la ville.

6. Desserts bolognais traditionnels :

En plus des délices salés, Bologne abrite également une gamme alléchante de desserts et de friandises traditionnelles. De la richesse beurrée de la torta di riso, un gâteau au riz au lait crémeux parsemé de fruits confits et d'amandes, à la douceur délicate de la torta di mele, un gâteau aux pommes rustique parfumé à la cannelle et au zeste de citron, les desserts bolognais offrent une délicieuse fin à n'importe quel repas. . D'autres favoris incluent la zuppa inglese, un dessert décadent ressemblant à une bagatelle composé de couches de génoise, de crème anglaise et de chocolat, et de la cytosine, un gâteau dense aux fruits et aux noix infusé d'épices chaudes et de brandy.

La cuisine traditionnelle de Bologne témoigne du riche patrimoine culinaire et des traditions profondément enracinées de la ville. Des plats de pâtes copieux comme les tagliatelles au ragù et les tortellini en brodo aux antipasti savoureux comme le beignet au croissant et la mortadelle, la cuisine bolognaise célèbre les plaisirs simples de la bonne nourriture, partagés en famille et entre amis. Qu'ils savourent un bol de pâtes faites maison ou savourent une tranche de torta di riso décadente, les visiteurs de Bologne seront assurément captivés par les saveurs, les arômes et les traditions de ce paradis gastronomique au cœur de la région italienne d'Émilie-Romagne.

Restaurants et restaurants locaux

Bologne, la capitale culinaire de la région italienne d'Émilie-Romagne, possède une scène culinaire dynamique qui célèbre le riche patrimoine gastronomique et les saveurs traditionnelles de la cuisine bolognaise. Des trattorias pittoresques et osterias animées aux restaurants étoilés Michelin et stands de nourriture de rue, la ville offre une gamme variée d'options de restauration pour tous les goûts et tous les budgets. Que vous ayez envie de plats de pâtes classiques comme les tagliatelles au ragù ou que vous ayez envie de goûter des spécialités régionales comme les tortellini en brodo, les restaurants et restaurants locaux de Bologne promettent un voyage culinaire qui ne manquera pas de ravir les papilles et de satisfaire les sens.

1. Trattorias :

Les trattorias sont des restaurants chaleureux à la gestion familiale spécialisés dans la cuisine italienne traditionnelle faite maison, préparée avec des ingrédients frais d'origine locale. Ces établissements de charme offrent une ambiance chaleureuse et accueillante, où l'on peut déguster de copieux plats de pâtes, de succulents plats de viande et des spécialités de saison dans une ambiance décontractée. Les trattorias proposent souvent des plats du jour en fonction de la disponibilité du marché et de l'inspiration créative du chef, faisant de chaque visite une expérience culinaire unique et mémorable.

2. Osterias:

Les Osterias sont des établissements de restauration décontractés qui servent des plats simples et rustiques accompagnés de vins locaux et de bières artisanales. Ces lieux de rassemblement conviviaux sont appréciés des habitants et des visiteurs et offrent un goût authentique de la cuisine bolognaise dans une atmosphère décontractée. Les Osterias proposent généralement un menu de plats traditionnels comme de la charcuterie, des fromages, des antipasti et des plats de pâtes copieux, ainsi que des plats du jour mettant en valeur les ingrédients de saison et les saveurs régionales.

3. Pizzeria :

Les pizzerias de Bologne sont réputées pour leurs pizzas à croûte mince garnies d'ingrédients frais de haute qualité et cuites à la perfection dans des fours à bois. Ces restaurants populaires proposent un large choix de combinaisons de pizzas classiques et créatives, allant des simples pizzas Margherita et Marinara aux options gastronomiques mettant en vedette des fromages locaux, des charcuteries et des légumes de saison. Qu'elles soient dégustées pour un déjeuner rapide ou un dîner tranquille, les pizzerias de Bologne sont un choix préféré pour les amateurs de pizza de tous âges.

4. Restaurants étoilés Michelin :

Pour une expérience culinaire vraiment inoubliable, Bologne compte plusieurs restaurants étoilés Michelin qui mettent en valeur la créativité et le savoir-faire culinaire des meilleurs chefs de la ville. Ces établissements haut de gamme proposent des menus de dégustation innovants et des plats gastronomiques élaborés avec précision et talent, à partir des meilleurs ingrédients de saison provenant de producteurs et artisans locaux. Des salles à manger élégantes avec vue panoramique aux tables de chef intimes en passant par des expériences de dégustation exclusives, les restaurants étoilés Michelin de Bologne promettent un voyage culinaire indulgent qui ravit les sens et laisse une impression durable.

5. Stands et marchés de nourriture de rue :

Pour avoir un avant-goût de la scène culinaire de rue animée de Bologne, les visiteurs peuvent explorer les marchés animés et les stands de nourriture de la ville, qui offrent une gamme alléchante de spécialités locales et de saveurs internationales. Des piadinas salées remplies de fromage, de charcuterie et de légumes grillés aux friandises sucrées comme les glaces, les pâtisseries et les cannoli, les vendeurs de rue de Bologne proposent une sélection variée et délicieuse de délices à emporter, parfaits pour grignoter et explorer le les quartiers animés de la ville.

6. Gelateria :

Aucune visite à Bologne ne serait complète sans savourer une glace, la friandise glacée emblématique de l'Italie. Bologne possède une pléthore de gelaterias qui produisent des glaces crémeuses et savoureuses dans un arc-en-ciel de couleurs et de saveurs. Des classiques comme la pistache, la noisette et la stracciatella aux créations innovantes comme le caramel salé, le tiramisu et le vinaigre balsamique, les gelaterias de Bologne offrent quelque chose pour tous les palais. Qu'elle soit dégustée dans un cornet, une tasse ou prise en sandwich entre deux biscuits, la glace est le moyen idéal pour combattre la chaleur et savourer le côté sucré de Bologne.

Les restaurants et restaurants locaux de Bologne offrent un paysage culinaire délicieusement diversifié qui célèbre le riche patrimoine gastronomique et les saveurs traditionnelles de la ville. Qu'il s'agisse de dîner dans une trattoria chaleureuse, de goûter à la cuisine de rue dans un marché animé ou de savourer une cuisine gastronomique dans un restaurant étoilé au guide Michelin, les visiteurs de Bologne seront assurément ravis par la scène culinaire animée de la ville et sa gamme infinie de délicieux délices culinaires. Avec son hospitalité chaleureuse, ses ingrédients frais et ses saveurs authentiques, Bologne promet une expérience culinaire aussi inoubliable que délicieuse.

Bars, cafés et discothèques

Bologne, une ville connue pour son atmosphère animée et sa scène sociale dynamique, offre une pléthore de bars, cafés et discothèques où les visiteurs peuvent se détendre, socialiser et profiter de la vie nocturne animée. Des cafés historiques aux bars à vin confortables en passant par les salons à cocktails chics et les discothèques animées, la gamme diversifiée de lieux de vie nocturne de Bologne répond à tous les goûts et préférences. Que vous recherchiez une pause-café tranquille, un cocktail sophistiqué ou une soirée de danse et de réjouissances, les bars, cafés et discothèques de Bologne promettent une soirée inoubliable en ville.

1. Cafés historiques :

Les cafés historiques de Bologne sont des institutions emblématiques au service des habitants et des visiteurs depuis des siècles. Ces établissements élégants offrent une ambiance charmante, avec des tables en marbre, des sièges luxueux et un décor orné, où les clients peuvent déguster tranquillement un café, une pâtisserie ou un apéritif. Du légendaire Caffè Zanarini sur la Piazza Galvani à l'emblématique Caffè del Commercio près des Deux Tours, les cafés historiques de Bologne sont des lieux de rassemblement appréciés où le temps semble s'être arrêté et où l'art de la conversation prospère.

2. Bars à vins confortables :

Pour les amateurs de vin, les bars à vin chaleureux de Bologne offrent le cadre idéal pour déguster les meilleurs vins de la région et savourer de délicieuses collations et apéritifs. Ces établissements intimes proposent une vaste carte des vins comprenant une sélection organisée de cépages locaux et internationaux, ainsi que des sommeliers expérimentés qui peuvent guider les clients tout au long de leur expérience de dégustation. Qu'il s'agisse de déguster un verre de Lambrusco dans une œnothèque traditionnelle ou de savourer une bouteille de Sangiovese dans un bar à vin chic, les bars à vin de Bologne offrent une atmosphère sophistiquée et conviviale aux amateurs de vin pour se détendre.

3. Salons à cocktails chics :

Les salons à cocktails chics de Bologne sont la destination idéale pour ceux qui recherchent une expérience de vie nocturne sophistiquée et élégante. Ces établissements branchés proposent des cocktails savamment élaborés, des techniques de mixologie innovantes et un décor épuré et contemporain qui prépare le terrain pour une soirée inoubliable. Des cocktails classiques comme les Negronis et les Spritz aux concoctions créatives à base d'ingrédients locaux et de saveurs exotiques, les salons à cocktails de Bologne s'adressent aux palais exigeants et aux amateurs de cocktails à la recherche d'un goût de luxe et de raffinement.

4. Place Majeure et ses environs :

L'historique Piazza Maggiore et ses rues environnantes sont un haut lieu de la vie nocturne à Bologne, avec une myriade de bars, cafés et discothèques bordant ses ruelles pavées. Qu'il s'agisse de siroter un expresso sur une place ensoleillée, de prendre un apéritif entre amis dans un bar animé ou de danser toute la nuit dans une discothèque animée, la Piazza Maggiore offre de quoi plaire à tous. Avec son atmosphère vibrante, son mélange éclectique de lieux et ses artistes de rue animés, la Piazza Maggiore est l'endroit idéal pour découvrir le rythme de la vie nocturne de Bologne.

5. Quartier étudiant :

Le quartier étudiant animé de Bologne, centré autour de l'Université de Bologne, est un centre d'activités animé de jour comme de nuit. Ici, les visiteurs trouveront un éventail animé de bars, cafés et discothèques destinés à la jeune population de la ville. Des cafés en plein air décontractés aux bars de plongée en passant par les lieux de rencontre branchés et les clubs underground, le quartier étudiant offre une gamme variée d'options de vie nocturne pour tous les goûts et tous les budgets. Qu'il s'agisse de se mêler aux locaux autour d'un verre, d'assister à des concerts ou de danser jusqu'à l'aube, le quartier étudiant est une destination dynamique et énergique pour la vie nocturne de Bologne.

6. Salles de musique live :

Pour les mélomanes, Bologne possède une scène musicale live florissante avec des lieux allant des clubs de jazz intimistes et des bars de rock aux salles de concert et amphithéâtres en plein air. Que vous soyez amateur de jazz, de blues, de rock ou de musique électronique, les options ne manquent pas pour assister à des spectacles live à Bologne. Des groupes locaux émergents aux artistes en tournée internationale, les salles de concert de Bologne offrent une programmation diversifiée et éclectique qui répond à un large éventail de goûts et de préférences musicaux.

Les bars, cafés et discothèques de Bologne offrent une vie nocturne dynamique et diversifiée qui répond à tous les goûts et préférences. Qu'il s'agisse de siroter un café dans un café historique, de déguster du vin dans une œnothèque chaleureuse, de savourer des cocktails dans un salon chic ou de danser toute la nuit dans une discothèque animée, les visiteurs de Bologne sont sûrs de trouver quelque chose qui correspond à leur humeur et à leur style. Avec son atmosphère vibrante, son riche patrimoine culturel et sa scène sociale animée, Bologne promet une expérience nocturne inoubliable, aussi unique et mémorable que la ville elle-même.

CHAPITRE 7
EXCURSIONS ET EXCURSIONS D'UNE JOURNÉE

Visites de vignobles en région Émilie-Romagne

La région italienne d'Émilie-Romagne, connue pour son riche patrimoine culinaire et ses paysages pittoresques, abrite également certains des vignobles et des établissements vinicoles les plus réputés du pays. Les visites de vignobles en Émilie-Romagne offrent aux visiteurs la possibilité d'explorer les collines, les domaines historiques et les vignobles centenaires de la région tout en dégustant une gamme variée de vins, des blancs croquants aux rouges robustes. Que vous soyez un passionné de vin désireux d'en apprendre davantage sur le processus de vinification ou que vous recherchiez simplement une escapade pittoresque au cœur de la région viticole italienne, les visites de vignobles d'Émilie-Romagne promettent une expérience mémorable et immersive.

1. Vignobles Lambrusco :

Le Lambrusco, un vin rouge mousseux synonyme de la région d'Émilie-Romagne, est produit à partir de cépages indigènes de Lambrusco cultivés dans les plaines fertiles entourant des villes comme Modène et Reggio d'Émilie. Les visites de vignobles dans les zones de production de Lambrusco offrent aux visiteurs la possibilité d'explorer des domaines familiaux, de visiter des caves historiques et de découvrir les méthodes traditionnelles de production de Lambrusco. Des dégustations guidées permettent aux participants de déguster une gamme de vins de Lambrusco, du sec et fruité au doux et pétillant, tout en acquérant un aperçu du terroir unique et des techniques de vinification qui donnent au Lambrusco son caractère distinctif.

2. Vignobles Sangiovese :

Le sangiovese, l'un des cépages rouges les plus appréciés d'Italie, prospère sur les terrains vallonnés de l'Émilie-Romagne, en particulier dans les régions viticoles renommées de la Romagne. Les visites des vignobles du Sangiovese offrent aux visiteurs la possibilité d'explorer des domaines pittoresques, de visiter des caves historiques et de déguster une variété de vins de Sangiovese, y compris les célèbres vins Sangiovese di Romagna DOC et DOCG de la région. Les visites guidées comprennent souvent des promenades panoramiques à travers les vignobles, des conférences informatives sur la viticulture et la vinification, ainsi que des dégustations de vins Sangiovese accompagnés de fromages locaux, de charcuteries et d'autres délices culinaires.

3. Vignobles Albana :

L'Albana, un cépage blanc originaire d'Émilie-Romagne, est utilisé pour produire l'Albana di Romagna, le premier vin blanc italien à obtenir le statut DOCG. Les visites de vignobles dans les zones productrices d'Albana offrent aux visiteurs la possibilité d'explorer des vignobles historiques, de visiter des établissements vinicoles familiaux et de déguster une gamme de vins d'Albana, du sec et croquant au doux et aromatique. Les dégustations guidées incluent souvent des discussions sur le profil aromatique unique d'Albana, son potentiel de vieillissement et les accords mets, permettant aux participants d'acquérir une appréciation plus profonde de ce vin émilien distinctif.

4. Vignobles Pignoletto :

Le pignoletto, également connu sous le nom de Grechetto Gentile, est un cépage blanc qui prospère dans les collines d'Émilie-Romagne, notamment dans la province de Bologne. Les visites de vignobles dans les zones de production de Pignoletto offrent aux visiteurs la possibilité d'explorer des vignobles pittoresques, de visiter des établissements vinicoles et de déguster une variété de vins de Pignoletto, y compris les célèbres vins Pignoletto DOC et DOCG de la région. Les visites guidées comprennent souvent des promenades dans les vignobles, des visites de caves et des dégustations de vins de Pignoletto accompagnés de spécialités locales, offrant un aperçu complet de ce vin émilien bien-aimé.

5. Domaines de vins mousseux :

L'Émilie-Romagne est également connue pour sa production de vins mousseux, notamment les célèbres vins Metodo Classico élaborés selon les méthodes traditionnelles champenoises. Les visites de vignobles dans les domaines de vins effervescents offrent aux visiteurs l'opportunité de découvrir l'art de la production de vins effervescents, de la récolte manuelle des raisins au remuage et dégorgement des bouteilles. Des dégustations guidées permettent aux participants de déguster une gamme de vins mousseux, notamment des cuvées bruts, rosés et millésimées, tout en découvrant les microclimats, les types de sols et les techniques de vinification uniques de la région qui contribuent à la qualité et à la complexité des vins mousseux d'Émilie-Romagne.

6. Expériences culinaires :

De nombreuses visites de vignobles en Émilie-Romagne proposent des expériences culinaires combinant dégustations de vins et cuisine traditionnelle émilienne, permettant aux visiteurs de déguster les vins de la région aux côtés de spécialités locales comme les pâtes faites maison, la charcuterie et les fromages affinés. Les visites guidées comprennent souvent des visites de marchés locaux, de producteurs artisanaux et de trattorias familiales, offrant une compréhension globale de la culture gastronomique et des traditions culinaires de la région.

Les visites de vignobles dans la région d'Émilie-Romagne offrent un voyage captivant au cœur de la région viticole italienne, où les visiteurs peuvent explorer des domaines historiques, déguster une variété de vins et se plonger dans le riche patrimoine viticole de la région. Qu'il s'agisse d'explorer les vignobles de Lambrusco dans les plaines, les vignobles de

Sangiovese dans les collines ou les vignobles d'Albana et de Pignoletto dans les vallées, les visites de vignobles d'Émilie-Romagne promettent une expérience mémorable et enrichissante pour les amateurs de vin et les voyageurs. Avec ses paysages pittoresques, ses vignobles historiques et ses vins de classe mondiale, l'Émilie-Romagne invite les visiteurs à savourer les saveurs de son terroir et à découvrir la magie de la culture viticole italienne.

Visiter Modène et Parme

Nichées au cœur de la région italienne d'Émilie-Romagne, les villes de Modène et de Parme attirent les voyageurs avec leur riche histoire, leur culture vibrante et leur cuisine délicieuse. Des monuments classés par l'UNESCO et de l'architecture historique aux délices culinaires de renommée mondiale et aux paysages pittoresques, Modène et Parme offrent un mélange captivant de charme d'antan et de sophistication moderne. Qu'il s'agisse d'explorer des châteaux médiévaux, de savourer du vinaigre balsamique traditionnel ou de savourer du prosciutto salé et du Parmigiano-Reggiano, une visite à Modène et Parme promet un voyage inoubliable au cœur de la gastronomie et de la culture italiennes.

- **Explorer Modène :**

À Modène, les visiteurs peuvent se promener dans le charmant centre historique de la ville, où les rues pavées serpentent devant d'élégants palais, des tours médiévales et des églises richement ornées. Le joyau de la ville est la magnifique cathédrale de Modène, un site classé au patrimoine mondial de l'UNESCO, réputé pour son architecture romane, sa superbe façade en marbre et sa superbe tour Ghirlandina. À proximité, le Palais Ducal offre un aperçu du noble passé de Modène avec ses intérieurs opulents, ses collections d'art et ses jardins magnifiquement entretenus.

Les gourmands seront ravis des trésors culinaires de Modène, notamment de son célèbre vinaigre balsamique, vieilli dans des fûts en bois pendant des années pour développer sa saveur et son arôme complexes. Les visiteurs peuvent visiter les acétates locaux (maisons de vinaigre) pour en apprendre davantage sur les méthodes de production traditionnelles et goûter différentes variétés de ce condiment prisé. Modène est également réputée pour sa cuisine copieuse, avec des trattorias et des osterias servant des plats classiques comme les tortellini en brodo, le gnocco fritto et le zampone con lenticchie (pied de porc farci aux lentilles).

- **À la découverte de Parme :**

Parme enchante les visiteurs par son architecture élégante, ses parcs luxuriants et son riche patrimoine artistique. La pièce maîtresse de la ville est la magnifique cathédrale de Parme, chef-d'œuvre de l'architecture romane ornée de superbes fresques du peintre de la Renaissance Correggio. À proximité, le Teatro Farnese, une merveille de la conception théâtrale baroque, propose des visites guidées et des spectacles occasionnels qui ramènent les visiteurs à l'âge d'or de l'opéra italien.

Parme est peut-être mieux connue pour ses délices gastronomiques, notamment son prosciutto di Parma et son Parmigiano-Reggiano de renommée mondiale. Les visiteurs peuvent visiter les usines de prosciutto et les fromageries locales pour découvrir les méthodes de production traditionnelles et déguster ces délices emblématiques dans leur état le plus frais. La scène culinaire de Parme regorge également de trattorias, pizzerias et gelaterias où les visiteurs peuvent déguster une variété de plats traditionnels et de spécialités régionales.

- **Excursions et excursions d'une journée :**

Au-delà des limites de la ville, la campagne de l'Émilie-Romagne attire avec ses collines, ses vignobles et ses villages pittoresques. Les visiteurs peuvent entreprendre des routes panoramiques à travers la campagne, en s'arrêtant pour explorer de charmantes villes comme Castelvetro di Modena, connue pour son château médiéval et ses vues panoramiques sur le paysage environnant. Les amateurs de vin peuvent également participer à des visites de vignobles et à des dégustations dans des établissements vinicoles locaux, en dégustant des cépages régionaux comme le Lambrusco et le Sangiovese.

Pour ceux qui recherchent l'aventure en plein air, les montagnes voisines des Apennins offrent des possibilités de randonnée, de vélo et d'équitation au milieu d'un environnement naturel préservé. Le Parco

Regionale dei Sassi di Roccamalatina, connu pour ses formations rocheuses spectaculaires et ses forêts luxuriantes, est une destination populaire pour les amateurs de plein air souhaitant explorer la diversité de la flore et de la faune de la région.

Une visite à Modène et Parme promet une délicieuse immersion dans le riche patrimoine culturel et les traditions culinaires de la région italienne d'Émilie-Romagne. Qu'il s'agisse d'explorer des monuments historiques, de savourer des spécialités gastronomiques ou de s'aventurer dans la campagne pittoresque, les visiteurs de Modène et de Parme seront assurément enchantés par la beauté intemporelle, l'hospitalité chaleureuse et le charme incomparable de la région. Avec leur richesse d'attractions culturelles, de délices culinaires et de merveilles naturelles, Modène et Parme offrent une expérience vraiment inoubliable qui célèbre le meilleur de l'art, de l'histoire et de la cuisine italienne.

Explorer la campagne toscane

Nichée au cœur de l'Italie, la campagne toscane attire les voyageurs avec ses collines, ses vignobles baignés de soleil et ses villages pittoresques perchés. Réputée pour ses paysages à couper le souffle, son riche patrimoine culturel et sa cuisine de classe mondiale, la Toscane offre une expérience italienne par excellence, à la fois intemporelle et enchanteresse. De l'exploration de villes historiques et de châteaux médiévaux à la dégustation de bons vins et à la cuisine toscane traditionnelle, un voyage à travers la campagne toscane promet une aventure inoubliable remplie de beauté, d'histoire et de délices culinaires.

1. Région du Chianti :

La région du Chianti, située entre Florence et Sienne, est synonyme de la beauté des paysages toscans et de ses vins de renommée mondiale. Les visiteurs de la campagne du Chianti peuvent explorer de charmantes villes perchées comme Greve, Castellina et Radda, où d'étroites rues pavées serpentent devant des églises médiévales, des boutiques d'artisans et des vignobles familiaux. Les collines de la région sont parsemées de vignobles et d'oliviers, offrant des vues à couper le souffle et des possibilités de promenades tranquilles ou de routes panoramiques à travers la campagne.

2. Val d'Orcia :

Le Val d'Orcia, site classé au patrimoine mondial de l'UNESCO, est une région d'une beauté époustouflante du sud de la Toscane, connue pour ses paysages emblématiques, ses villages pittoresques et ses sources thermales. Les visiteurs du Val d'Orcia peuvent explorer de charmantes villes comme Pienza, Montalcino et Montepulciano, chacune offrant un mélange unique d'architecture médiévale, d'art de la Renaissance et de délices culinaires. Les collines, les routes bordées de cyprès et les champs de blé doré de la région ont inspiré les artistes et les photographes pendant des siècles, ce qui en fait une destination préférée des amoureux de la nature et des paysages.

3. Province de Sienne :

La province de Sienne abrite certains des monuments les plus emblématiques de la Toscane, notamment la ville historique de Sienne elle-même, avec sa magnifique Piazza del Campo et sa majestueuse cathédrale gothique. Au-delà des limites de la ville, la campagne siennoise offre une richesse de beautés naturelles et de trésors culturels, de la ville médiévale perchée de San Gimignano, connue pour ses tours emblématiques et son vin Vernaccia, aux anciens thermes de Bagno Vignoni et aux vignobles vallonnés du Région viticole de Brunello di Montalcino.

4. Lucques et la vallée de la Garfagnana :

Lucques, charmante ville fortifiée du nord de la Toscane, est réputée pour son architecture Renaissance bien préservée, ses rues pavées et sa scène culturelle dynamique. Les visiteurs de Lucques peuvent explorer le centre historique de la ville, se promener le long de ses anciens remparts et gravir la tour Guinigi pour une vue panoramique sur la campagne environnante. À proximité, la vallée de la Garfagnana offre des montagnes escarpées, des forêts verdoyantes et des villages pittoresques, ce qui en fait un paradis pour les amateurs de plein air et les amoureux de la nature.

5. Cuisine toscane :

Aucune visite dans la campagne toscane ne serait complète sans savourer sa cuisine de renommée mondiale, qui met l'accent sur des ingrédients frais d'origine locale et des saveurs simples et rustiques. Les visiteurs peuvent savourer des plats traditionnels comme la ribollita (soupe au pain toscane), la pappa al pomodoro (soupe aux tomates et au pain), la bistecca alla Fiorentina (steak à la florentine) et les pâtes pici au ragoût de sanglier. La cuisine toscane célèbre également le riche patrimoine agricole de la région, avec des spécialités comme le fromage pecorino, l'huile d'olive extra vierge et les truffes qui occupent une place importante dans les menus locaux.

6. Dégustation de vins et expériences culinaires :

La campagne toscane est réputée pour ses vins de classe mondiale, notamment le Chianti, le Brunello di Montalcino et le Vino Nobile di Montepulciano. Les visiteurs peuvent entreprendre des visites de dégustation de vins dans les vignobles et les établissements vinicoles locaux, déguster une variété de vins et découvrir les traditions viticoles et le terroir de la région. De nombreux établissements vinicoles proposent également des expériences culinaires, associant leurs vins à des plats toscans traditionnels et à des spécialités locales pour une expérience gastronomique véritablement immersive et indulgente.

explorer la campagne toscane offre aux voyageurs un voyage captivant à travers l'une des régions les plus emblématiques et appréciées d'Italie. Qu'il s'agisse de se promener dans des villes historiques et des villages médiévaux, de savourer des vins raffinés et une cuisine traditionnelle, ou simplement de s'imprégner de la beauté naturelle des collines et des vignobles, la Toscane captive l'imagination et laisse une impression durable sur tous ceux qui la visitent. Avec son charme intemporel, son riche patrimoine culturel et sa beauté inégalée, la campagne toscane invite les voyageurs à ralentir, à savourer l'instant présent et à embrasser la dolce vita dans toute sa splendeur.

CHAPITRE 8

CONSEILS PRATIQUES ET RESSOURCES

Langue et communication

La communication est essentielle lorsque vous voyagez vers une nouvelle destination, et maîtriser quelques phrases clés peut grandement améliorer votre expérience et vos interactions avec les locaux. Que vous naviguiez dans les rues animées d'une ville animée, commandiez un repas dans un café pittoresque ou cherchiez de l'aide en cas d'urgence, avoir une compréhension de base de la langue et des coutumes locales peut faire toute la différence. Dans ce guide, nous explorerons l'importance de la langue et de la communication pour les voyageurs et fournirons des expressions et du vocabulaire utiles pour vous aider à naviguer dans votre voyage en toute confiance et facilité.

☐ **Pourquoi la langue est importante :**

La langue n'est pas seulement un moyen de communication ; c'est une passerelle vers la compréhension et la connexion avec la culture et les habitants d'une destination. Bien que l'anglais soit largement parlé dans de nombreuses zones touristiques, faire un effort pour parler la langue locale témoigne du respect et de l'appréciation de la culture d'accueil. Cela peut également ouvrir la porte à des expériences et des interactions uniques qui pourraient ne pas être accessibles à ceux qui comptent uniquement sur l'anglais.

☐ **Phrases linguistiques et de communication de base :**

Maîtriser quelques phrases de base dans la langue locale peut grandement faciliter la communication et établir des relations avec les habitants. Voici quelques phrases essentielles pour vous aider à démarrer :

1. Bonjour/Salut - Salutations pour démarrer une conversation.

2. Bonjour/après-midi/soir – Salutations appropriées en fonction de l'heure de la journée.

3. Merci - Exprimer sa gratitude.

4. S'il vous plaît – Demandez quelque chose poliment.

5. Excusez-moi - Attirer l'attention de quelqu'un ou vous excuser de l'avoir interrompu.

6. Oui/Non – Réponses simples aux questions.

7. Je ne comprends pas - Demander des éclaircissements.

8. Pourriez-vous m'aider, s'il vous plaît ? - Demander de l'aide.

9. Combien cela coûte-t-il ? - Se renseigner sur les prix.

10. Où sont les toilettes ? - Demander l'emplacement des installations.

☐ **Phrases sur les repas et la nourriture :**

1. Je souhaite commander... - Passer une commande de nourriture ou de boisson.

2. Puis-je voir le menu, s'il vous plaît ? - Demander d'afficher les options disponibles.

3. Avez-vous des options végétariennes ? - Se renseigner sur les préférences alimentaires.

4. Pouvons-nous avoir le chèque, s'il vous plaît ? - Demander la facture.

5. La nourriture était délicieuse ! - Complimenter le repas.

6. Puis-je avoir une table pour deux, s'il vous plaît ? - Demander la disposition des sièges.

7. Le service est-il inclus ? - Demander le pourboire.

8. Puis-je avoir de l'eau, s'il vous plaît ? - Demander une boisson.

9. J'ai une allergie alimentaire - Informer le personnel des restrictions alimentaires.

10. Pourriez-vous nous recommander une spécialité locale ? - Recherche de suggestions de plats authentiques.

☐ **Phrases de transport :**

1. Comment puis-je accéder à... ? - Demander son chemin.

2. Y a-t-il une gare routière/ferroviaire à proximité ? - Se renseigner sur les transports en commun.

3. Combien coûte un billet pour... ? - Poser des questions sur les frais de transport.

4. Y a-t-il une station de taxis par ici ? - Demander des informations sur les taxis.

5. À quelle heure part le prochain bus/train ? - Se renseigner sur les heures de départ.

6. Pourriez-vous m'appeler un taxi, s'il vous plaît ? - Demander de l'aide pour le transport.

7. De quel quai part le train/bus ? - Rechercher des informations sur les lieux de départ.

8. Existe-t-il un service de navette pour l'aéroport ? - Se renseigner sur les options de transport à l'aéroport.

9. Pourriez-vous m'aider avec mes bagages ? - Demander de l'aide avec les bagages.

10. Combien de temps faut-il pour arriver à... ? - Se renseigner sur le temps de trajet.

- **Phrases d'achat :**

1. Combien cela coûte-t-il ? - Se renseigner sur les prix.

2. Acceptez-vous les cartes de crédit ? - Demander des informations sur les modes de paiement.

3. Puis-je essayer ceci ? - Demander à essayer des vêtements.

4. L'avez-vous dans une taille/couleur différente ? - Se renseigner sur la disponibilité des produits.

5. Puis-je avoir un reçu, s'il vous plaît ? - Demander une preuve d'achat.

6. Y a-t-il une réduction pour l'achat en gros ? - Demander des réductions sur les achats en gros.

7. Puis-je le retourner s'il ne convient pas ? - Se renseigner sur les politiques de retour.

8. Existe-t-il une garantie pour ce produit ? - Demander les garanties des produits.

9. Puis-je bénéficier d'une réduction ? - Négocier un prix inférieur.

10. Où se trouve le guichet automatique le plus proche ? - Se renseigner sur les lieux de retrait d'espèces.

☐ **Phrases d'urgence :**

1. Au secours ! - Appeler à l'aide en cas d'urgence.

2. J'ai besoin d'un médecin - Demander des soins médicaux.

3. Mon sac a été volé - Signaler un vol.

4. J'ai perdu mon passeport - Informer les autorités d'un document perdu.

5. Pouvez-vous appeler la police ? - Demander l'assistance des forces de l'ordre.

6. Y a-t-il un hôpital à proximité ? - Se renseigner sur les installations médicales.

7. J'ai eu un accident - Signaler un accident de la route.

8. Mon portefeuille a été perdu – Informer les autres d'un objet personnel perdu.

9. J'ai raté mon vol/train - Demander de l'aide en cas de perturbations de voyage.

10. Pouvez-vous m'aider à trouver un consulat/une ambassade ? - Demander l'assistance de la représentation diplomatique de son pays d'origine.

- **Phrases linguistiques et de communication supplémentaires :**

1. À quelle heure l'attraction ouvre/ferme-t-elle ? - Se renseigner sur les heures d'attraction.

2. Comment puis-je me rendre au centre d'information touristique le plus proche ? - Rechercher de l'aide pour les services touristiques.

3. Pouvez-vous me recommander un bon restaurant/hôtel ? - Rechercher des recommandations locales.

4. Y a-t-il des événements à proximité ? - Se renseigner sur les activités locales.

5. Pouvez-vous m'aider avec des indications sur une carte ? - Demander de l'aide à la navigation.

6. Y a-t-il une connexion Wi-Fi gratuite disponible ? - Poser des questions sur l'accès à Internet.

7. Quelles sont les prévisions météo pour aujourd'hui/demain ? - Se renseigner sur les conditions météorologiques.

8. Puis-je prendre une photo ici ? - Demander l'autorisation pour la photographie.

9. Y a-t-il des coutumes culturelles dont je devrais être conscient ? - Rechercher des informations sur l'étiquette locale.

10. Merci pour votre aide ! - Exprimer sa gratitude pour son aide.

Consignes de sécurité et contacts d'urgence

Lorsque vous voyagez à Bologne, il est essentiel de donner la priorité à la sécurité et de vous préparer à toute circonstance imprévue. Bien que Bologne soit généralement une ville sûre pour les voyageurs, il est toujours sage de vous familiariser avec les consignes de sécurité et les contacts d'urgence pour garantir un voyage fluide et sans souci. Dans ce guide, nous vous fournirons des conseils de sécurité essentiels et des contacts d'urgence à garder à l'esprit lors de votre visite à Bologne.

- **Consignes de sécurité :**

1. Restez vigilant : Bologne est une ville animée avec des rues bondées et des marchés animés. Gardez toujours un œil sur vos affaires, notamment dans les zones touristiques où des vols à la tire peuvent avoir lieu.

2. Utilisez un moyen de transport fiable : privilégiez les taxis officiels ou les services de covoiturage réputés lorsque vous vous déplacez en ville, surtout tard le soir. Évitez d'accepter des trajets de chauffeurs sans permis ou de personnes proposant un transport non sollicité.

3. Soyez intelligent : Familiarisez-vous avec la configuration de la ville et planifiez vos itinéraires.

Restez dans les zones bien éclairées et peuplées, surtout la nuit tombée, et faites confiance à votre instinct si vous vous sentez mal à l'aise dans une situation.

4. Respectez les lois et coutumes locales : Bologne est une ville dynamique et diversifiée avec ses normes et réglementations culturelles uniques. Familiarisez-vous avec les lois et coutumes locales, y compris la tenue vestimentaire appropriée, le comportement en public et la consommation d'alcool.

5. Restez informé : restez au courant des événements actuels et de tout risque potentiel pour la sécurité dans la région. Restez informé grâce à des sources d'information réputées et aux avis de voyage officiels du gouvernement.

6. Préparation aux situations d'urgence : Ayez un plan en place en cas d'urgence, comprenant notamment la connaissance de l'emplacement des sorties de secours, des installations de premiers secours et des itinéraires d'évacuation dans votre logement et dans d'autres espaces publics.

7. Santé et hygiène : Maintenir de bonnes pratiques d'hygiène, telles que le lavage fréquent des mains et la manipulation appropriée des aliments, pour prévenir les maladies. Emportez une petite trousse de premiers soins contenant des médicaments essentiels et des fournitures pour les blessures mineures.

- **Contacts d'urgence :**

1. Services d'urgence : En cas d'urgence mettant votre vie en danger, composez le 112, le numéro d'urgence universel en Italie. Cela vous connectera aux services de police, d'incendie et médicaux.

2. Police locale (Polizia Locale) : Pour des situations ne mettant pas votre vie en danger ou pour signaler un crime, vous pouvez contacter la police locale au 113.

3. Police touristique de Bologne : La police touristique (Polizia di Turismo) de Bologne est spécialisée dans l'assistance aux touristes et peut fournir des informations, une assistance et un soutien dans plusieurs langues. Vous pouvez les joindre au +39 051 6472 633 ou visiter leur bureau situé Via dell'Indipendenza, 69.

4. Ambulance et urgences médicales : Pour les urgences médicales ou les services d'ambulance, composez le 118. Cela vous mettra en contact avec les services médicaux d'urgence, y compris l'envoi d'ambulances.

5. Protection civile de Bologne : La protection civile de Bologne apporte son aide en cas d'urgence telle que les catastrophes naturelles, les phénomènes météorologiques violents et autres crises. Ils peuvent être contactés au +39 051 3392980 ou via leur site Internet : [Protection Civile de Bologne](https://www.protezionecivile.regione.emilia-romagna.it/en).

6. Ambassade ou consulat : Si vous êtes un ressortissant étranger et avez besoin de l'aide de l'ambassade ou du consulat de votre pays, contactez la mission diplomatique compétente. Le consulat ou l'ambassade le plus proche peut vous aider pour les questions de passeport, les questions juridiques et d'autres services consulaires.

7. Centres d'information touristique : Bologne dispose de plusieurs centres d'information touristique répartis

dans toute la ville, où vous pouvez obtenir des cartes, des brochures et l'assistance d'un personnel multilingue. Visitez le site officiel de Bologna Welcome pour connaître les emplacements et les coordonnées.

☐ **Conseils de sécurité supplémentaires :**

1. Assurance voyage : envisagez de souscrire une assurance voyage qui couvre les urgences médicales, les annulations de voyage et autres événements imprévus. Vérifiez que votre police d'assurance couvre les activités que vous envisagez de pratiquer pendant votre voyage.

2. Restez connecté : gardez votre téléphone mobile chargé et emportez un chargeur portable ou une banque d'alimentation pour vous assurer de pouvoir rester connecté en cas d'urgence. Enregistrez les contacts importants, y compris votre hébergement, les services d'urgence locaux et l'ambassade ou le consulat, dans votre téléphone.

3. Espèces d'urgence : ayez sur vous une petite somme d'argent d'urgence en monnaie locale pour les

dépenses imprévues ou les situations où le paiement électronique n'est pas disponible.

4. Compagnons de voyage : Si possible, voyagez avec un compagnon ou en groupe, surtout lorsque vous explorez des zones inconnues ou que vous pratiquez des activités de plein air.

En suivant ces consignes de sécurité et en connaissant les contacts d'urgence concernés, vous pourrez profiter d'une visite sûre et mémorable à Bologne. N'oubliez pas de rester vigilant, de faire confiance à votre instinct et de donner la priorité à votre bien-être à tout moment. Avec une préparation et une sensibilisation appropriées, votre voyage à Bologne sera une expérience enrichissante.

Applications et sites Web de voyage recommandés

À l'ère numérique d'aujourd'hui, les voyageurs ont accès à une multitude de ressources à portée de main, grâce à une multitude d'applications et de sites Web de voyage conçus pour améliorer tous les aspects de l'expérience de voyage. De la planification et de la réservation à la navigation et à l'exploration, ces outils offrent commodité, efficacité et informations inestimables aux voyageurs du monde entier. Voici quelques applications et sites Web de voyage hautement recommandés à considérer pour votre prochaine aventure :

1. Google Maps (application/site Web) :

- Google Maps est un outil de navigation indispensable, proposant des cartes détaillées, des mises à jour du trafic en temps réel et des indications pour la conduite, la marche et les transports en commun. Il fournit également des informations sur les attractions, les restaurants et les hôtels à proximité.

2. TripAdvisor (application/site Web) :

- TripAdvisor est une plateforme de voyage complète qui propose des avis et des notes générés par les utilisateurs sur les hôtels, les restaurants, les attractions, etc. Il propose également des guides de voyage, des forums et des options de réservation d'hébergement et d'activités.

3. Airbnb (application/site Web) :

- Airbnb permet aux voyageurs de réserver des hébergements uniques, notamment des appartements, des maisons et des villas, directement auprès d'hôtes du monde entier. Il offre un large éventail d'options pour tous les budgets et tous les styles de voyage.

4. Booking.com (application/site Web) :

- Booking.com est une agence de voyages en ligne leader qui propose une vaste sélection d'hébergements, notamment des hôtels, des appartements et des auberges, avec une réservation facile et des politiques d'annulation flexibles.

5. Skyscanner (application/site Web) :

- Skyscanner est un moteur de recherche de vols complet qui compare les prix des compagnies aériennes et des agences de voyages en ligne pour trouver les meilleures offres sur les vols, les hôtels et les locations de voitures.

6. Rome2Rio (application/site Web) :

- Rome2Rio fournit des informations complètes sur les transports, notamment les itinéraires, les horaires et les prix, pour les trains, les bus, les vols et les ferries dans le monde entier. C'est un outil précieux pour planifier des itinéraires de voyage multimodaux.

7. Yelp (application/site Web) :

- Yelp propose des avis et des évaluations générés par les utilisateurs pour les entreprises locales, notamment les restaurants, cafés, bars et magasins. C'est une ressource utile pour trouver des options de restauration et de divertissement dans n'importe quelle destination.

8. Google Traduction (application) :

- Google Translate aide les voyageurs à communiquer dans des langues étrangères en fournissant une traduction instantanée du texte, de la parole et des images. Il offre également des capacités de traduction hors ligne à utiliser dans les zones où la connectivité Internet est limitée.

9. TripIt (application/site Web) :

- TripIt est une application d'organisation de voyages qui aide les voyageurs à gérer leurs itinéraires, leurs réservations et leurs documents de voyage en un seul endroit. Il importe automatiquement les confirmations de réservation à partir du courrier électronique et crée un itinéraire détaillé pour une référence facile.

10. Duolingo (application/site Web) :

- Duolingo est une application d'apprentissage des langues qui propose des cours interactifs dans plus de 30 langues. C'est un moyen amusant et efficace pour les voyageurs d'apprendre des phrases et du vocabulaire de base avant leur voyage.

11. Expedia (application/site Web) :

- Expedia est une agence de voyages en ligne à service complet qui propose des options de réservation de vols, d'hôtels, de voitures de location, d'activités et de forfaits vacances. Il propose également des offres et des réductions pour les voyageurs avertis.

12. Guides de la ville Tripadvisor (application) :

- Tripadvisor City Guides offre un accès hors ligne à des guides de destination complets, comprenant des cartes, des attractions, des restaurants et des hôtels, pour plus de 300 villes dans le monde.

13. Trémie (application) :

- Hopper analyse les prix des vols et prédit les tendances futures des prix pour aider les voyageurs à trouver le meilleur moment pour réserver des vols. Il propose également des notifications lorsque les prix baissent pour des itinéraires spécifiques.

14. Voyage culturel (application/site Web) :

- Culture Trip propose du contenu de voyage organisé, notamment des articles, des vidéos et des guides, pour inspirer et informer les voyageurs sur les destinations, les cultures et les expériences à travers le monde.

15. Weather.com (site Web) :

- Weather.com fournit des prévisions météorologiques précises et à jour pour les destinations du monde entier, aidant ainsi les voyageurs à planifier leurs activités et à préparer leur voyage en conséquence.

Que vous planifiiez une escapade d'un week-end ou une aventure autour du monde, ces applications et sites Web de voyage recommandés vous aideront à rationaliser votre processus de planification, à améliorer votre expérience de voyage et à tirer le meilleur parti de chaque instant sur la route. Bon voyage!

CONCLUSION

Alors que nous arrivons à la fin de ce guide de voyage de Bologne, je tiens à vous remercier chaleureusement, lecteur, d'avoir choisi ce livre comme compagnon lors de votre voyage à Bologne. Votre soutien compte pour moi et j'espère que les informations et les idées partagées dans ces pages enrichiront votre expérience dans cette belle ville.

Explorer Bologne est une expérience vraiment magique, remplie d'histoire, de culture et de délices culinaires à découvrir à chaque coin de rue. Au fur et à mesure que vous vous aventurez, je vous encourage à adopter l'esprit d'exploration et à vous immerger pleinement dans tout ce que Bologne a à offrir.

Prenez le temps de déambuler dans les ruelles du centre historique, où architecture ancienne et vie moderne s'entremêlent dans une danse envoûtante. Faites une pause pour admirer les détails complexes des portiques emblématiques de la ville et n'hésitez pas à sortir des sentiers battus pour découvrir des joyaux cachés et des trésors locaux.

Faites plaisir à vos sens grâce à la célèbre scène culinaire de Bologne, en savourant des plats traditionnels dans des trattorias chaleureuses ou en dégustant des produits frais sur les marchés animés. N'oubliez pas d'essayer les célèbres tortellini, tagliatelles al ragù et gelato de la ville, et n'oubliez pas de lever un verre de vin local pour porter un toast à vos aventures.

Surtout, abordez votre séjour à Bologne avec un cœur ouvert et un esprit de curiosité. Permettez-vous de vous perdre dans ses rues sinueuses, de dialoguer avec ses résidents accueillants et de créer des souvenirs qui dureront toute une vie.

Alors que vous vous lancez dans votre aventure à Bologne, que vos journées soient remplies d'émerveillement, de découvertes et de joie. Que vous vous promeniez sur des places historiques, admiriez des œuvres d'art de classe mondiale ou savouriez simplement un expresso dans un charmant café, chaque instant peut-il être un témoignage de la beauté et du dynamisme de cette ville enchanteresse ?

Merci encore d'avoir choisi ce guide et que votre voyage à Bologne soit tout simplement extraordinaire. Buon Viaggio et meilleurs vœux pour un séjour mémorable dans la ville de Bologne !

Adieu à Bologne

Alors que votre séjour à Bologne touche à sa fin, il est naturel de ressentir un pincement au cœur en disant adieu à cette ville captivante. Que vous ayez passé des journées à explorer ses rues historiques, à savourer ses délices culinaires ou simplement à vous imprégner de son atmosphère vibrante, Bologne a sans aucun doute laissé sa marque dans votre cœur.

Alors que vous vous préparez à partir, prenez un moment pour réfléchir aux souvenirs que vous avez créés et aux expériences que vous avez partagées. Chérissez les rires des repas partagés avec de nouveaux amis, la beauté impressionnante des monuments anciens et la chaleur de l'hospitalité locale qui vous a accueilli à bras ouverts.

Même si votre voyage physique touche à sa fin, l'esprit de Bologne restera avec vous partout où vous irez. Emportez avec vous les leçons apprises, les histoires entendues et les liens tissés au cours de votre séjour dans cette ville remarquable.

En faisant vos adieux à Bologne, sachez que vous ne laissez pas seulement un lieu derrière vous, mais que vous emportez avec vous un morceau de son âme, un rappel de la beauté et des merveilles qui existent dans le monde qui nous entoure.

En attendant de nous revoir, Bologne, grazie mille pour les souvenirs, les rires et les moments qui ont rempli nos cœurs de joie. Que vos rues résonnent toujours des rires et de la mélodie de la vie, accueillant à bras ouverts les voyageurs d'ici et d'ailleurs.

Adieu, Bologne, jusqu'à ce que nos chemins se croisent à nouveau. Bon voyage et que votre voyage soit rempli de nouvelles aventures, de possibilités infinies et de la promesse de nouveaux départs. Arrivederci, chère Bologne.

Réflexions finales et recommandations

Alors que vous vous préparez à quitter Bologne et à embarquer pour la prochaine étape de votre voyage, prenez un moment pour réfléchir aux souvenirs que vous avez créés et aux expériences que vous avez vécues dans cette ville enchanteresse. Bologne vous a sans aucun doute laissé sa marque, avec sa riche histoire, sa culture dynamique et son hospitalité chaleureuse.

À mesure que vous avancez, voici quelques réflexions et recommandations finales à emporter avec vous :

1. Embrassez l'inattendu : Bologne est une ville de surprises, où à chaque coin de rue se trouve un joyau caché qui attend d'être découvert. Soyez ouvert aux rencontres fortuites et aux expériences inattendues : elles mènent souvent aux moments les plus mémorables.

2. Restez curieux : Bologne est ancrée dans l'histoire et la culture, avec des histoires fascinantes qui attendent d'être découvertes. Prenez le temps de vous plonger dans son passé, d'explorer ses musées et ses

monuments, et de dialoguer avec ses habitants pour mieux comprendre cette ville remarquable.

3. Savourez les saveurs : Bologne est réputée pour ses délices culinaires, des riches sortes de pâtes aux viandes savoureuses et aux délicieux desserts. Ne manquez pas l'occasion de vous adonner aux trésors gastronomiques de la ville : chaque bouchée est un avant-goût du riche patrimoine culinaire de Bologne.

4. Connectez-vous avec les habitants : Le cœur de toute ville réside dans ses habitants, et Bologne ne fait pas exception. Prenez le temps de communiquer avec les locaux, que ce soit à travers des repas partagés, des échanges culturels ou simplement en engageant une conversation. Leurs idées et perspectives enrichiront votre expérience et vous laisseront une appréciation plus profonde de la ville.

5. Ne négligez aucune pierre : Bologne est une ville d'exploration sans fin, avec quelque chose de nouveau à découvrir à chaque tournant. Qu'il s'agisse de flâner dans ses rues historiques, d'admirer ses merveilles architecturales ou de vous aventurer au-delà des limites de la ville pour explorer la campagne environnante,

n'ayez pas peur d'explorer tous les recoins de Bologne et au-delà.

En faisant vos adieux à Bologne, emportez avec vous les souvenirs de votre séjour ici : les images, les sons, les goûts et les moments qui ont touché votre âme. Et n'oubliez pas que Bologne vous accueillera toujours à bras ouverts, prête à vous dévoiler de nouvelles merveilles et aventures à votre retour.

En attendant de nous revoir, cher voyageur, que votre voyage soit rempli de joie, de découvertes et de promesses de nouveaux horizons. Merci Mille d'avoir choisi Bologne comme destination, et que votre voyage à venir soit aussi enrichissant et épanouissant que votre temps passé ici.

Arrivederci, et que le chemin à parcourir vous mène vers de nouvelles aventures et des expériences inoubliables. Bon voyage !

Printed in Poland
by Amazon Fulfillment
Poland Sp. z o.o., Wrocław